Horst W. Opaschowski, Feierabend ?

Horst W. Opaschowski

Feierabend ?

Von der Zukunft ohne Arbeit zur Arbeit mit Zukunft

Leske + Budrich Opladen 1998

Die Deutsche Bibliothek – CIP-Einheitsaufnahme
Opaschowski, Horst W.:
Feierabend? Von der Zukunft ohne Arbeit zur Arbeit mit Zukunft/Horst W. Opaschowski.
– Opladen : Leske und Budrich, 1998

ISBN 3-8100-2068-0

Satz: Leske + Budrich
Druck: Druck Partner Rübelmann, Hemsbach
Printed in Germany

Inhalt

Vorwort

An der Schwelle zum 21. Jahrhundert werden wir mit einer Reihe unbequemer Wahrheiten konfrontiert: Die alte Arbeitsgesellschaft ist tot. Das Leitbild der Vollbeschäftigung ist überholt. Der Ausverkauf der Arbeit beginnt. Schluß. Aus. Vorbei. Was machen wir ohne Arbeit? Und was kommt danach?

Der Buchtitel ist doppeldeutig, läßt hoffen, hat aber auch Fallbeil-Charakter: Ende der Arbeit, Schattenwirtschaft ohne Ende. Das Gespenst der Globalisierung geht um in der westlichen Welt. Die Arbeit wandert aus, die Industriegesellschaft verschwindet. Jeder neunte Europäer ist ohne Arbeit, die Hälfte davon bereits seit mehr als einem Jahr.

„Wieviel Arbeit braucht der Mensch?" fragte schon Anfang der achtziger Jahre die österreichische Sozialforscherin MARIE JAHODA die gesamte westliche Welt. Diese Frage ist heute offener denn je. Die westlichen Industriegesellschaften stehen vor ihrer größten Herausforderung seit hundert Jahren: Ihr Arbeitsmodell der Zukunft soll der „Formel 20 zu 80" (HANS-PETER MARTIN/HARALD SCHUMANN) gleichen, wonach nur mehr zwanzig Prozent der Bevölkerung eine bezahlte Arbeit bekommen. An der Schwelle zum dritten Jahrtausend wird der „Übergang zur Freizeitgesellschaft" (BUND) heraufbeschworen, der den übrigen achtzig Prozent „Tittytainment" (ZBIGNIEW BRZEZINS*KI*), „McDonaldisierung" (GEORGE RITZER) oder „Disney-Kolonialisierung" (BENJAMIN R. BARBER) beschert. Erinnerungen an GEORGE ORWELLS Zukunftsroman „1984" werden wach, wonach die überwiegende Mehrheit der Bevölkerung ihr Leben nur noch mit der Sorge um Heim und Kinder, kleinlichen Streitigkeiten mit Nachbarn, Kino, Fußball, Bier und vor allem Glücksspielen ausfüllen werde...

So wird und so darf die Zukunft im nächsten Jahrhundert nicht enden. Arbeit hat eine Zukunft, weil es weiterhin sinnvolle Aufgaben für alle gibt. Sicher: Die Erwerbsarbeit ist im 21. Jahrhundert keine Garantie für Wohlstand und Lebensqualität mehr. Mut zur sozialen Phantasie ist daher gefordert. Wege aus der arbeitslosen Gesellschaft müssen gefunden werden. Die Suche nach neuen Arbeitswelten muß zum Credo für das 21. Jahrhundert werden. Im gleichen Maße, wie die bezahlte Arbeit zur Mangelware wird, muß ernsthaft Ausschau nach neuen Beschäftigungsformen gehalten werden, die Existenzsicherung und Lebenserfüllung gleichermaßen gewähren.

Die Arbeit ist tot! Es lebe die Arbeit! Solche Zukunftsthesen provozieren, müssen provozieren, zwingen zum Umdenken und Handeln. Ein entsprechendes Vorgehen wird ebenso unkonventionell wie unbequem sein. Es beginnt mit einer Neubewertung, ja Aufwertung des Arbeitsbegriffs und schließt auch notwendige Maßnahmen zur Entkoppelung von Erwerbs-Arbeit und sozialer Sicherung nicht aus. Dazu gehört insbesondere die Frage eines garantierten Grundeinkommens für alle Nichterwerbstätigen, wenn sie den Nachweis gemeinnütziger Tätigkeit erbringen.

Das Buch will Orientierungen für das 21. Jahrhundert geben, damit soziale Konflikte großen Ausmaßes verhindert werden und soziale Gerechtigkeit für alle erhalten bleibt. Wir müssen Abschied nehmen von der alten Arbeitsgesellschaft, damit neue Arbeitswelten eine Zukunft haben.

HORST W. OPASCHOWSKI

I. Die Beschäftigungskrise. Problemanalysen und Lösungsansätze

1. Ausgangsdaten

Es gab einmal eine Höhle in einem schwer zugänglichen Gebiet. Dort lebte nach einer alten griechischen Sage Trophonius inmitten eines Heiligtums. Wer Trophonius nach mancherlei Mühen und Strapazen erreichte, dem verkündete er einen Orakelspruch. Darin wurden die Zukunft und der weitere Lebensweg beschrieben. Doch das Wissen um die eigene Zukunft muß für die Besucher bedrückend gewesen sein, denn ein Sprichwort der damaligen Zeit lautete: „Niemand kann je wieder lachen, wenn er den Trophonius befragt hat".

Wird uns das Lachen vergehen, wenn wir um die Zukunft der Arbeit wissen? Die Zukunft ist vielfach das, was wir heute aus ihr machen. Sie hat vor allem längst begonnen, wie ein Blick in die Entwicklung der modernen Arbeit beweist. Das zu Ende gehende 20. Jahrhundert kann als das *Jahrhundert der Arbeitszeitverkürzung* in die Geschichte der modernen Arbeit eingehen. Die Arbeitszeitverkürzung ist zu einem Jahrhundertwerk geworden – als Folge erhöhter Arbeitsproduktivität und als Mittel zum Abbau von Arbeitslosigkeit:

* Im Jahre 1900 sinkt die Wochenarbeitszeit in der Industrie auf *59 Stunden.*
* 1918 wird der *8-Stunden-Tag* gesetzlich eingeführt (=48-Stunden-Woche).
* 1955 erfolgt die Einführung der *5-Tage-Woche.*
* Ab 1965 beginnt die schrittweise Einführung der *40-Stunden-Woche* als Normalarbeitszeit (ohne Berücksichtigung von Überstunden und Kurzarbeit).
* Seit 1996 beträgt die tarifliche Jahres-Sollarbeitszeit in Deutschland (West) nur mehr *1.579 Stunden* (333 Stunden weniger als z.B. in den USA). In keinem anderen Land der Welt hat sich seit Anfang der achtziger Jahre die tatsächlich geleistete Jahresarbeitszeit so verringert wie in Deutschland.

* Im internationalen Vergleich gehören im Hinblick auf die tarifliche Wochenarbeitszeit zu den Spitzenreitern: Norwegen (37,5 Stunden), Belgien/Dänemark (je 38) sowie Deutschland (38,4). Am unteren Ende rangieren die Schweiz (41) und Japan (42).

Mit der dramatischen Arbeitszeitverkürzung ist zwangsläufig eine gegenläufige Entwicklung verbunden. Die Ware Arbeit ist plötzlich ein kostbares Gut geworden. Die Erwerbslosigkeit in der Europäischen Union hat einen Höchststand erreicht: *Jeder neunte Europäer ist ohne Arbeit*, in Spanien ist es gar jeder fünfte Bürger. In Deutschland hat die Erwerbslosigkeit 1998 den höchsten Stand seit Kriegsende erreicht, während die Arbeitslosenquoten in Dänemark, Großbritannien und den Niederlanden zurückgehen. *Zugleich ist die Arbeitslosigkeit ein weltweites Problem geworden.* Nur Neuseeland gilt als Musterland, weil sich hier die Arbeitslosenzahl innerhalb von fünf Jahren halbiert hat.

Eine *Rationalisierungsrevolution* wie nie zuvor sorgt für neue ökonomische Tatbestände: Der Preis für das Wirtschaftswachstum ist der systematische Abbau von Arbeitsplätzen (sog. „jobless growth"). Die meisten frühindustrialisierten Länder weisen seit den siebziger Jahren steigende Arbeitslosen-Anteile auf. Als Hauptursachen für diese Entwicklung gelten einerseits der *Produktionsfortschritt*, der Erwerbsarbeit zunehmend durch Wissen und Kapital ersetzt, sowie die *Globalisierung*, die wachsende Ausbreitung der internationalen Arbeitsteilung in der ganzen Welt. Im internationalen Vergleich – insbesondere mit Japan und den USA – weist Deutschland höhere Arbeitslosen-Anteile auf. Dafür aber müssen nicht wie z.B. in den USA, worauf die Zukunftskommission der Freistaaten Bayern und Sachsen verweist, „empfindliche Einkommensverluste wachsender Bevölkerungsteile und eine sich öffnende Schere zwischen arm und reich" in Kauf genommen werden (Zukunftskommission 1996, S. 3).

Steigende Produktivität, höhere Auslastung und boomende Exporte geben bisher keine Antwort auf die Frage, wie man die herausrationalisierten Menschen wieder in den Beschäftigungsprozeß integrieren kann.

Und eine junge Generation drängt nach und muß mitunter erfahren, daß sie immer weniger gebraucht wird. Als Zukunftsperspektive für die nachwachsende Generation zeichnet sich ab: *Die Lebensarbeitszeit schrumpft und die Zeiten vor und nach dem Erwerbsleben dehnen sich aus*. Einer immer längeren Ausbildungszeit und höheren Lebenserwartung steht eine immer kürzere Lebensarbeitszeit gegenüber:

* Im Jahre 1906 gab es ein durchschnittliches Arbeitsleben von 43,8 Jahren, eine Ausbildungszeit von 14,2 Jahren und einen Ruhestand von 4,8 Jahren.
* Hundert Jahre später (etwa im Jahre 2006) wird der Lebenslauf fast auf den Kopf gestellt sein: Einer Ausbildungsdauer von durchschnittlich 20 Jahren steht fast ein Vierteljahrhundert Ruhestandszeit gegenüber, so daß ein durchschnittliches Arbeitsleben im günstigsten Fall nur mehr 30 bis 35 Jahre dauert.

Die meiste Lebenszeit werden die Menschen nach dem Jahr 2000 jenseits des Erwerbs verbringen müssen.

2. Von der Voll- zur Unterbeschäftigung

Neue Beschäftigungsformen erschüttern das System der Vollzeitarbeit (vgl. Mikrozensus 1995 des Statistischen Bundesamtes; Kühl 1996, S. 35 f.; Bundesanstalt für Arbeit 1998; Statistisches Bundesamt 1998):

* Immer weniger Menschen in Deutschland haben eine Arbeit. 1997 waren *34,5 Millionen erwerbstätig*, zwei Millionen weniger als fünf Jahre zuvor.
* Jeder sechste Erwerbstätige (5,7 Mio) übt eine *Teilzeitarbeit* aus. 90 Prozent der Teilzeit-Beschäftigten sind Frauen.
* Mindestens 200.000 Arbeitnehmer müssen sich mit *Kurzarbeit* zufriedengeben.
* Rund 150.000 Arbeitnehmer werden jährlich als *Zeitarbeitnehmer* mit befristeten Arbeitsverträgen beschäftigt.

Als Tendenz zeichnet sich ab: Die künftigen Arbeitnehmer werden immer mehr zu *Beschäftigten auf Zeit*. Jeder zehnte Arbeitnehmer in Deutschland hat nur mehr einen *Job auf Zeit* – in Spanien ist der Anteil der Beschäftigten mit befristeter Anstellung bereits dreimal so hoch (33,7%). Die Bundesanstalt für Arbeit schätzt, daß schon heute etwa *8,3 Millionen Bundesbürger unterbeschäftigt* sind. Dazu zählen neben den Arbeitslosen vor allem die Teilnehmer an Umschulungs- und Fortbildungsmaßnahmen, an staatlichen Maßnahmen für Arbeitsbeschaffung (ABM) sowie die sogenannte *„Stille Reserve"* – Personen also, die sich vorübergehend vom Arbeitsmarkt zurückziehen, aber nicht als erwerbslos gemeldet sind.

Man stelle sich einmal folgende Zukunftsperspektive vor: Die technologische Entwicklung ermöglichte nur mehr 40 Prozent der Bevölkerung eine bezahlte Tätigkeit am Arbeitsplatz. Diese gingen regelmäßig ihrer Alltagspflicht nach, um die übrigen 60 Prozent der Bevölkerung mit dem Lebensnotwendigen zu versorgen: „Das soziale Netz wäre nicht mehr so engmaschig wie früher, der Lebensstandard geringer, die Lebensweise bescheidener. Arbeit wäre nur mehr für wenige da". Die Arbeitsgesellschaft würde – unter Einbußen zwar – weiterleben können, doch die Vollbeschäftigungsgesellschaft wäre am Ende, die Anspruchsgesellschaft auch. Würde dann nicht der Einstieg in die Arbeitszeitverkürzung zum sozialen Abstieg? „Weniger arbeiten und weniger verdienen gehören wohl unmittelbar zusammen. *An einer Senkung der Realeinkommen kommt kaum einer vorbei*". Dies ist keine Beschreibung von heute, war vielmehr eine Prognose für heute – geschrieben im Jahre 1983 (Opaschowski 1983, S. 176).

Andererseits: Sind wir nicht schon auf dem besten Wege dorthin? Wie sähe das Szenario eigentlich heute – aus der Sicht von 1998 – aus? Fast genauso! Nehmen wir ein konkretes Beispiel: Zur Zeit werden immer mehr Autos mit immer weniger Mitarbeitern gebaut. Und in den nächsten fünf Jahren soll die Produktivität weiter gesteigert werden. Jeder Arbeiter soll dann pro Jahr 22 Autos (und nicht mehr nur wie heute 14) bauen. Die Produktivität nähme in fünf Jahren um über 50 Prozent zu, obwohl im gleichen Zeitraum nur 26 Prozent mehr Autos benötigt würden. Daraus folgt: *Die Produktivität steigt in Zukunft schneller als der Absatz und die Nachfrage.*

Das erstmals in den achtziger Jahren prognostizierte Modell einer „*40-zu-60-Gesellschaft*" droht mittlerweile fast Wirklichkeit zu werden: Nur mehr 34,5 Millionen Erwerbstätigen stehen heute 47,5 Millionen Nichterwerbstätige gegenüber, was der Formel 42 zu 58 entspricht. Zwei Beschäftigte müssen für drei Nichtbeschäftigte aufkommen. Doch dies scheint nur die Spitze eines Eisbergs zu sein. Führende Politiker, Wirtschaftsführer und Wissenschaftler aus allen Kontinenten haben unlängst auf einer Weltkonferenz in San Francisco ein zynisch anmutendes Zahlenpaar ernsthaft diskutiert: Die „*20-zu-80-Gesellschaft*". Zwanzig Prozent der arbeitsfähigen Bevölkerung sollen im kommenden Jahrhundert ausreichen, um die Weltwirtschaft in Schwung zu halten: „Mehr Arbeitskraft wird nicht gebraucht" (vgl. Martin/Schumann 1996, S. 12). Achtzig Prozent der Bevölkerung sollen ohne Job bleiben. Alles dreht sich dann nur noch um die Frage, wie das wohlhabende Fünftel den sogenannten „überflüssigen Rest" auf Dauer beschäftigen könne.

Unter dem derzeit am meisten diskutierten Stichwort „Globalisierung" ist nichts anderes als die *Verteilung der Arbeit rund um den Globus* gemeint. Konkret: der weltweite Export von Arbeitsplätzen. Damit wird aber auch zwangsläufig ein Teil des materiellen Wohlstands und der sozialen Wohlfahrt exportiert. *Mehr Wohlstand für alle kann nicht mehr garantiert werden.* Die sozialen Leistungen gehen spürbar zurück, weil es weniger Arbeitsleistungen gibt.

An der Schwelle zum dritten Jahrtausend sind die westlichen Wohlstands- und Wohlfahrtsländer gefordert wie nie zuvor: Wachsende Arbeitslosigkeit und sinkende Realeinkommen, niedrige Geburtenraten und steigende Lebenserwartung.

Der Generationenvertrag wird infragegestellt. Die Balance von wirtschaftlichen Leistungen und sozialen Wohltaten gerät ins Wanken. Gleichzeitig wird die Arbeit für die privilegierten Fulltime-Jobber immer intensiver und konzentrierter, zeitlich länger und psychisch belastender, dafür aber auch – aus der Sicht der Unternehmen – immer produktiver und effektiver. *Die neue Arbeitsformel für die Zukunft lautet dann: 0,5 x 2 x 3*, d.h. die *Hälfte* der Mitarbeiter produziert *doppelt* so viel mit einer *dreifach* so hohen Arbeitsproduktivität wie früher. Die ständige Arbeitsproduktivitätssteigerung bewirkt, daß dann immer weniger Mitarbeiter immer mehr produzieren müssen. Höhere Produktivität erweist sich dabei kaum als Mittel zur Verhinderung von Arbeitslosigkeit, sondern trägt ganz im Gegenteil eher zum weiteren Abbau von Arbeitsplätzen bei (vgl. Zimmerli 1997).

Der amerikanische Sozialforscher Jeremy Rifkin aus Washington sagt uns für die Zukunft gar ein „Ende der Arbeit“ (Rifkin 1996) voraus. Die neuen Informationstechnologien rotten die Arbeit praktisch aus. Bereits im Laufe der nächsten 25 Jahre werden wir die Abschaffung der Fließbandarbeit im Produktionsprozeß erleben: Das Industriezeitalter schaffte die Sklavenarbeit ab, das neue Informationszeitalter schafft die Massenbeschäftigung ab. Die Industrieproduktion stirbt deswegen nicht aus. Aber im gleichen Maße, wie Computer, Telekommunikation und Roboter einen enormen Anstieg der Produktion von Gütern und Dienstleistungen bewirken, sorgen sie auch dafür, daß nur noch *ein Bruchteil der heute Beschäftigten gebraucht* wird. Nahezu menschenleeren Fabriken und virtuellen Firmen stehen dann Millionen beschäftigungsloser Menschen gegenüber.

Wird es in Zukunft *immer mehr virtuelle* Unternehmen geben, die sich nur noch auf ihre Kernkompetenz konzentrieren (z.B. Forschung oder Marketing) und sich ansonsten auf strategische Allianzen stützen? Die also kaum oder gar nichts mehr produzieren, transportieren oder vertreiben (vgl. z.B. NIKE), sondern ihre Partner bzw. Allianzen per Computer von zu Hause aus steuern? Alles wird ausgelagert, was nicht zur Kernkompetenz gehört. Und die Allianzen werden zu *Kooperationspartnern auf Zeit*, die nur solange halten, wie sie für beide Partner von Vorteil sind. Das virtuelle Unternehmen der Zukunft wird personell klein, aber groß im Umsatz sein (Wolfgang Titze 1997). Die wenigen Mitarbeiter werden Wissensarbeiter und die Unternehmer Wissensmanager, also Innovatoren und Inspiratoren, Moderatoren und Organisatoren zugleich sein.

Ist eine Welt fast ohne menschliche Arbeit überhaupt vorstellbar – und wenn ja, mit welchen Folgen? Es ist absehbar:

* In Zukunft wird es immer weniger Arbeitsplätze geben und immer mehr Jobs werden zeitlich befristet sein.
* Erhebliche soziale und psychische Probleme und Konflikte sind dann vorprogrammiert.

Schon frühzeitig haben Studien über die sozialpsychologischen Auswirkungen der Arbeitslosigkeit (vgl. Jahoda u.a. 1975, Opaschowski 1976) nachgewiesen, daß sich insbesondere die Einstellung zu Arbeit und Beruf grundlegend verändert. *Die Berufsvorstellungen werden beinahe vollkommen materialisiert.* Nicht mehr der Beruf ist dann entscheidend, sondern „einen Job haben“ und „Geld verdienen“. Persönliche Berufswünsche für die Zukunft fallen diesem konkreten Nahziel zum Opfer. Den größten Prestigegewinn buchen die Job-Hopper, die von einem Job zum anderen springen, vor allem, wenn sie dabei auch noch über die geldträchtigsten Nebenjobs zu berichten wissen. Die Art der Beschäftigung spielt fast keine Rolle mehr. An die Stelle der Berufsorientierung tritt die ausschließliche *Joborientierung*, die totale Fixierung auf das Geld.

Über die materialisierte Lebenshaltung hinaus droht bei Arbeitslosen auch eine psycho-soziale Verarmung, die auf das Fehlen einer Lebensperspektive zurückzuführen ist. Ein Zustand der Entmutigung stellt sich ein, der den Weg frei macht für alle Arten von Krankheiten.

„Akute und chronische, psychische und somatische“ (Robb 1934, S. 276) Krankheiten nehmen mit der Dauer der Arbeitslosigkeit zu. Eher entsteht eine müde Gemeinschaft, die kaum in der Lage ist, „politische Aktionen im Sinne der Arbeiterbewegung“ in Gang zu bringen (Mattik 1969, S. 108). Zu stark sind Zukunftslosigkeit und Ohnmachtsgefühl ausgeprägt, als daß aus der persönlichen Krise eine politische werden könnte.

Wohl aber werden Arbeitslose ohne Vertrauen in sich und die Zukunft Erfahrungen machen, die ihre Haltung der Gesellschaft, der Familie, den Freundschaften und ethischen Normen gegenüber anhaltend ändern, so daß ihre ganze Lebenseinstellung anders wird. Wo Arbeitslosigkeit die vorherrschende Alltagserfahrung ist, bekommt das In-den-Tag-hinein-Leben existentielle Bedeutung. Die Betroffenen empfinden sich eher als eine *Generation der Überflüssigen*, die Gefahr läuft, für immer auf der Strecke zu bleiben.

Vor allem Jugendliche ohne Beschäftigungsperspektive werden nicht massenhaft auf der Straße demonstrieren, sondern eher frustriert und resigniert ihre Enttäuschung und Ohnmacht in Wut und Gewalt, Aggressivität und Kriminalität, Drogenkonsum und asozialem Verhalten auszuleben versuchen. Erwachsene hingegen werden mehr von Depressionen und psychischen Erkrankungen bedroht sein.

3. Zukunft der Arbeit: Arbeit ohne Zukunft?

Wie nie zuvor in den letzten hundert Jahren wird die Bevölkerung an der Schwelle zum 21. Jahrhundert mit einer Reihe unbequemer Wahrheiten konfrontiert, die sich pointiert in zehn Thesen zusammenfassen lassen:

DIE NEUE LEISTUNGSGESELLSCHAFT

Leitbild für die Zukunft

Frage: „Unsere Gesellschaft befindet sich im Wandel. Für die Beschreibung der gesellschaftlichen Entwicklung in Deutschland gibt es eine Vielzahl von Bezeichnungen. Welche der folgenden Bezeichnungen treffen nach Ihrer persönlichen Auffassung am ehesten auf die Situation in Deutschland zu?" *(Mehrfachnennungen möglich)*

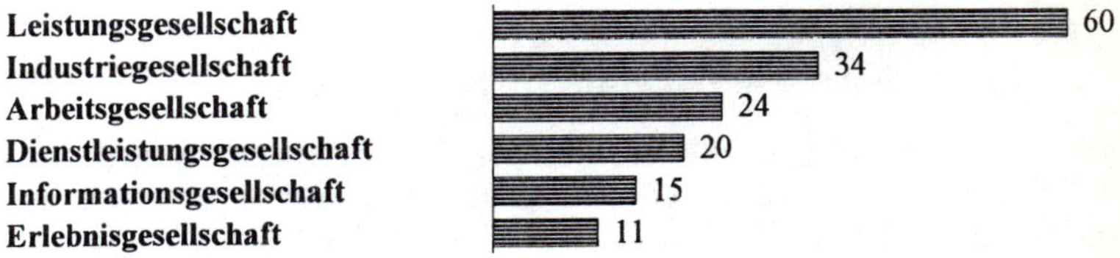

Basis: Repräsentativbefragung von 3.000 Personen ab 14 Jahren im Juni 1996 in Deutschland

B·A·T Freizeit-Forschungsinstitut

1. Das Industriezeitalter ist tot.

Das Ende des „Blaumanns" steht unmittelbar bevor: Zwischen 1991 und 1996 sind in der Industrie zweieinhalb Millionen Arbeitsplätze verschwunden, während der Personalbestand im Dienstleistungsbereich um fast 1,4 Millionen zugenommen hat. Immer mehr Industriekonzerne wandeln sich zu Dienstleistungsunternehmen. Die Industrie trägt nur mehr ein Drittel zur gesamten Wertschöpfung bei. Und auch nur mehr ein Drittel der Bevölkerung (34%)* glaubt, daß wir heute noch in einer Industriegesellschaft leben. Die Zukunft gehört eher einer Dienst-Leistungsgesellschaft mit informationstechnologischer Grundausstattung.

2. Das Leitbild der Vollbeschäftigung ist überholt.

In Zukunft wird es Vollbeschäftigung nie wieder geben und auch „Arbeit für alle" kann nicht mehr garantiert werden. Insbesondere die modernen Informationstechnologien (Computer, Roboter, Telekommunikation) sorgen dafür, daß im 21. Jahrhundert in vielen Branchen nur noch ein (Bruch-)Teil der heute Beschäftigten gebraucht wird. Wenigen Vollzeiterwerbstätigen steht ein großes Heer von Gelegenheitsarbeitern und Aushilfsjobbern, Teilzeitbeschäftigten und Arbeitnehmern auf Abruf gegenüber.

3. Der Berufswechsel wird zur Regel.

Arbeitnehmer müssen in Zukunft zu Lasten des Familienlebens permanente berufliche Mobilität beweisen. Immer mehr Jobs werden zeitlich befristet und berufliche Laufbahnen von der Ausbildung bis zum Ruhestand für künftige Generationen kaum mehr möglich sein. Neue Beschäftigungsformen (Job-, Berufswechsel, Nebenjobs) machen den „Beruf für's Leben" zur Ausnahme und den Zweitjob neben dem Teilzeitarbeitsplatz zur Regel („Job neben dem Job").

4. Das Normalarbeitsverhältnis stirbt.

Immer mehr Beschäftigte gehen einer sozialversicherungsfreien Tätigkeit nach. Die Zahl der sozialversicherungspflichtig Beschäftigten wird immer kleiner (1992: 29,3 Mio – 1997: 27,3 Mio). Eine halbe bis eine Million Menschen arbeiten als freie Mitarbeiter und Werkvertragsarbeitnehmer (= sogenannte „Scheinselbständige" ohne arbeits- und sozialrechtliche Absicherung). Jedes dritte Arbeitsverhältnis in Deutschland dauert kein ganzes Jahr. 3,8 Millionen Beschäftigte haben lediglich eine befristete Anstellung, also auch kein kontinuierliches Einkommen mehr.

* Im Buch nicht näher belegte Prozentzahlen stammen aus der laufenden Grundlagenforschung des Freizeit-Forschungsinstituts der British American Tobacco, in der repräsentativ jeweils 3.000 Personen ab 14 Jahren in Deutschland befragt werden.

5. Die Rund-um-die-Uhr-Beschäftigung wird zur neuen Norm.

Wir müssen Abschied nehmen von der Normalarbeitszeit. In der Rund-um-die-Uhr-Gesellschaft der Zukunft geraten die Zeitblöcke von Arbeit und Freizeit durcheinander. Schon heute leisten mehr als zwei von fünf Beschäftigten (43,5%) regelmäßig oder gelegentlich Nacht-, Schicht- oder Wochenendarbeit. Die berufliche Arbeit am Wochenende wird sich für immer mehr Beschäftigte zur neuen Norm entwickeln.

6. Der Ausverkauf der Arbeitslust beginnt.

Nur mehr knapp ein Drittel aller Beschäftigten (31%) kann sich heute noch in der Arbeit selbst verwirklichen – für die übrigen setzt die Selbstverwirklichung notgedrungen erst nach Feierabend ein. Zu den „schlanken" Unternehmen gesellen sich zunehmend sozial und kreativ verkümmerte Mitarbeiter, die mit „innerer Kündigung" reagieren.

7. Die Loyalität der Mitarbeiter geht verloren.

Weil die Unternehmen keine Arbeitsplatzgarantie mehr gewähren, gibt es auch kaum noch Mitarbeiter, die der Firma zeitlebens die Treue („Betriebstreue") halten oder Loyalität versprechen. Der Kommunikations- und Führungsstil in den Betrieben, das „Betriebsklima" und die „Firmenkultur", werden sich grundlegend verändern, da ein Wir-Gefühl weder vorausgesetzt noch erwartet werden kann.

8. Wertvolle Sozial- und Familienzeit geht verloren.

Unter der zunehmenden Doppelerwerbstätigkeit von Mann und Frau werden die Familie und die Kinder am meisten zu leiden haben. Auch die zunehmende Arbeitszeitflexibilisierung führt nicht zwangsläufig zu mehr Zeitsouveränität des Arbeitnehmers. Es wird immer schwieriger, soziale Kontakte und familiäres Zusammensein zeitlich zu koordinieren. Während die betriebliche Bilanz auf Zeit- und Produktivitätsgewinne verweisen kann, geht die individuelle Bilanz mit einem Verlust an wertvoller Sozial- und Familienzeit einher.

9. Die Beschäftigungskrise weitet sich zur Bildungskrise aus.

Die Schule qualifiziert in erster Linie zur Berufsfähigkeit bzw. zum „Beruf für's Leben" und negiert dabei die Tatsache, daß die meisten Menschen in Zukunft den größten Teil ihres Lebens (über 40 Jahre) als Nichterwerbstätige oder Beschäftigungslose verbringen müssen. Auf ein selbständiges und verantwortungsbewußtes Leben jenseits der Erwerbsarbeit wird die junge Generation kaum vorbereitet. Die psychosozialen Folgen und ökonomischen Folgekosten der Bildungskrise sind kaum abschätzbar.

10. Der Politik mangelt es an Mut zur Zukunft.

Die Politik ist fast lethargisch beherrscht von der Angst, Fehler zu machen. Sie verharrt im Status-quo-Denken und geht dabei von einem viel zu statischen und engen Arbeitsbegriff aus. Sie negiert die Gleichwertigkeit von Erwerbsarbeit und unbezahlter Arbeit (z.B. Familien-, Gesellschaftsarbeit). Der Politik mangelt es an positiven visionären Ansätzen mit Antworten auf die Frage, wo es langgeht oder langgehen sollte. Zukunft vorausschauend gestalten heißt: Zukunftsorientierung leisten und eine Richtung für die Zukunft vorgeben (und nicht nur machen, was gerade machbar ist). Die Zukunftsfähigkeit der Demokratie steht auf dem Spiel.

Politik und Wirtschaft müssen also neue Prioritäten setzen, wenn sie die Zukunft und in Zukunft gewinnen wollen. Jeder dritte Bürger fordert heute schon die vorrangige Förderung der Forschung zur Gewinnung neuer Produkte und zur Erschließung neuer Märkte. In diesen Zusammenhang gehört auch die Förderung von Zukunftstechnologien, insbesondere Bio-, Gen- und Umwelttechnologien. Eine Politik kann kaum zukunftsfähig genannt werden, wenn sie beispielsweise mehr in Steinkohle-Subventionen (jährlich 23 *Mrd* DM) als in die Förderung regenerativer Energien (jährlich 16 *Mio* DM) investiert.

Sieht so die Zukunft aus? Immer mehr Industrielandschaften verkommen zur touristischen Attraktion. Und alte Maschinen landen im Museum.

Hier können dann ehemalige Mitarbeiter ausgestorbener Berufsstände noch einmal eine nostalgische Reise in die eigene berufliche Vergangenheit machen. Vor dicht umlagerten Maschinen werden Erinnerungen wachgerufen, erfahrene Mitarbeiter aber zugleich unsanft in die Jetzt-Zeit zurückgeholt – z.B. im Hamburger Museum der Arbeit: „Das geht alles nach Zeit. So langsam, wie Sie sind, wären Sie schon längst entlassen worden ...“ Der Kommunalverband Ruhrgebiet stellt sich rechtzeitig auf den Strukturwandel ein: „Der Ruhrpott ist in zehn Jahren eine Touristenattraktion“ (KVR 1997). Schon heute haben über 300 verschiedene Blüten- und Farnpflanzen sowie mehr als 60 Vogelarten das 1902 in Dienst und 1985 „still“ gelegte Thyssen-Werk Duisburg-Meiderich zurückerobert...

Schlangestehen im MUSEUM DER ARBEIT
(Aus: H.W. Opaschowski: Arbeit. Freizeit. Lebenssinn?
Orientierungen für eine Zukunft, die längst begonnen hat, Opladen 1983)

4. Drohender Ausverkauf der Arbeitslust

An vielen Arbeitsplätzen ist die „Effizienz nur ein anderes Wort für den Triumph der Monotonie“ (Guggenberger 1995, S. 23) geworden. Langeweile im doppelten Sinne kommt auf – als Überforderungslangeweile und als Unterforderungslangeweile. Die einen wünschen sich mehr Ruhe und Routine, die anderen mehr Herausforderung und Aufregung. Mitunter wird der Eindruck erweckt, in Zeiten hoher Arbeitslosigkeit könnten die Menschen doch glücklich sein, überhaupt einen Job zu haben, auch wenn er noch so langweilig und sinnlos ist. Eine solche Einstellung kann gesellschaftlich folgenreich sein, wenn die Betroffenen „ihre Frustration in umso zerstörerische Bahnen lenken“ (Csikszentmihalyi 1991, S. 22). Frustration kann auf Dauer in Depression oder Aggression umschlagen.

Der Strukturwandel in der Arbeitswelt hat einen Einstellungswandel der Arbeitnehmer zur Folge. Die Beschäftigten haben zunehmend das Gefühl, daß ihnen im Arbeitsleben etwas verlorengeht, ja daß Arbeitszeit zur verlorenen Lebenszeit wird:

* Die *unteren Berufsgruppen* vermissen in der Arbeit vor allem die Abwechslung und klagen über den Mangel an echten Herausforderungen, die einem Vergleich mit ihren Hobbys standhalten können.

* Die *höheren Berufsgruppen* hingegen sind in ihrer Arbeit am meisten vom „Burn out"-Syndrom, dem Ausgebranntsein, bedroht: Zu viel Druck, zu viel Streß und zu lange Arbeitszeiten lassen ihnen letztlich zu wenig Zeit für die Familie, die Freunde, zu wenig Zeit für sich und die eigenen Interessen.

So haben letztlich beide, die „Abhängig Beschäftigten“ genauso wie die „Leitenden“, das Gefühl, daß ihnen die Arbeit „Leben von der Habenseite ihrer Existenz abzieht“ (Csikszentmihalyi 1992, S. 212). In beiden Fällen scheint das *subjektive Freizeiterleben zum Auslöser für Arbeitsunzufriedenheit* zu werden: Die einen vermissen den Herausforderungscharakter, den sie von ihren Hobbies kennen, auch an ihrem Arbeitsplatz, die anderen fühlen sich von der Arbeit so vereinnahmt, daß ihnen nicht genügend Zeit zum Leben bleibt.

Einseitig gefordert, aber vor allem körperlich nicht mehr voll ausgelastet verlassen daher viele Arbeitnehmer ihren Betrieb und flüchten in „echte“ Herausforderungen: In die körperliche Schwerstarbeit beim Sport oder in den Kampf mit sich selbst beim Überlebenstraining. Oder die Arbeitswelt nimmt in Zukunft diese Herausforderung an – und sorgt für Spannung, Erfolge und Erlebnisse am Arbeitsplatz, wo man als Person gefordert ist und ganz persönlich etwas bewegen, gestalten und verändern, ja sich selbst etwas beweisen kann, was in den Augen der anderen Achtung und Anerkennung findet.

Noch nie hat es eine Generation gegeben, die mit so viel Zeit und Bildung aufgewachsen ist. Im Zuge des Wertewandels zeichnet sich eine neue Balance materieller und immaterieller Wertorientierungen ab: Man möchte schon regelmäßige Arbeit und gesichertes Einkommen haben, aber andererseits auch nicht auf die Zeit zum Leben und die Freude am Leben verzichten. Ausgehend von Schlagworten wie Selbsterfahrung, Egotrip und Narzißmus stellte sich erstmals Anfang der achtziger Jahre die Frage: Deuten diese Anzeichen auf einen ernstzunehmenden Trend hin, der „die Gesellschaft reformieren wird"? (MARPLAN/STERN 1981). Was ist aus dieser Aufbruchstimmung geworden? Was kann die Arbeit heute zur Durchsetzung dieser Lebensziele leisten? In welchem Maße ist sie – vor dem Hintergrund der Massenarbeitslosigkeit – überhaupt noch in der Lage, den subjektiven Wunschvorstellungen der Arbeitnehmer entgegenzukommen?

Die Realität der heutigen Arbeitswelt ist auf den ersten Blick ebenso ernüchternd wie desillusionierend: Wenn es darum geht, etwas selber zu tun, was Spaß macht, hat die Arbeit wenig zu bieten. *Nur die Anwesenheit von Kollegen bringt gelegentlich eine soziale Komponente ins Arbeitsleben*, die den Idealvorstellungen vom Leben relativ nahekommt: Man kann mit anderen zusammen sein. Im Zeitvergleich der letzten Jahre aber wird deutlich, daß auch die Arbeitswelt einem Wandlungsprozeß unterliegt:

Arbeit verliert an Lebensqualität. Bei der Diskussion um Kostensenkungen und Sparmaßnahmen, Abspecken und Verschlanken droht die Arbeitsmotivation der Mitarbeiter aus dem Blick zu geraten.

Während die betriebliche Kosten-Nutzen-Rechnung kurzfristig aufgeht, geht die Lust der Mitarbeiter an der und in der Arbeit langsam verloren. Der *Ausverkauf der Arbeitslust* droht: Nur mehr wenige Berufstätige können in der Arbeit etwas tun, was Spaß macht (1989: 33% – 1996: 28%).

MUT ZUR ZUKUNFT? Die heutige Wirtschaftspolitik macht wenig Hoffnung	
Variante 1	**Variante 2**
SPIEGEL: „Während sich dieMitarbeiterzahl halbierte, hat sich der Aktienkurs fast verzwanzigfacht. Waren Ihnen die Portemonnaies der Aktionäre wichtiger als die Familien Ihrer früheren Angestellten?"	FOCUS: „Die Auftragseingänge im April stiegen um 33 Prozent. Da müssen doch neue Jobs entstehen. Wo bleiben die von den Politikern geforderten neuen Arbeitsplätze?"
GENERAL-ELECTRIC-CHEF JACK WELCH: „Sie können in einer globalen Wirtschaft ein Unternehmen nicht paternalistisch führen, nur weil es sich besser anfühlt. Wenn Sie Ihren Laden nicht rechtzeitig in Ordnung bringen, wird er Ihnen irgendwann um die Ohren fliegen. Dann müssen Sie brutal werden und grausam."	VW-CHEF FERDINAND PIECH: „Arbeitsplätze um ihrer selbst willen schaffen bringt nichts. Das Produkt bliebe so teuer, wie es früher war – und wäre unverkäuflich. Wir haben einen Markt, wo der Käufer sagt, was das Auto kosten soll. Wir brauchen neue Kunden. Die bekommen wir nur durch Rationalisierungsfortschritte."
SPIEGEL NR. 29 (1997)	FOCUS NR. 18 (1997)

Vom Motivationsverlust sind in besonderer Weise die Frauen betroffen. *Arbeit als Selbstverwirklichung findet immer weniger statt*: 1996 erreichte der Selbstverwirklichungsgrad der Frauen nur mehr einen Anteil von 30 Prozent, d.h. für die überwiegende Mehrheit der Frauen wird die *Berufstätigkeit immer mehr zu einer Funktion des Lebensunterhalts und immer weniger zu einer Frage des Lebenssinns.* Für die Arbeitnehmerschaft fängt die Freude am eigenen Tun erst nach Verlassen des Arbeitsplatzes an.

5. Herausforderung an Wirtschaft und Gesellschaft

Gegen das große Heer der Gelegenheits- und Aushilfsjobber, Teilzeit- und Telearbeiter müssen die Vollzeiterwerbstätigen in Zukunft mit besonderen Gratifikationen motiviert und honoriert werden. Das „Selbst" zwischen Selbständigkeit und Selbstverwirklichung wird zur größten Antriebsfeder für Arbeitsleistungen und Effizienzsteigerungen. *Das „Ich" macht Karriere* – nicht selten auf Kosten des sozialen Betriebsklimas. Das Ende der Gemütlichkeit im Arbeitsleben erscheint unausweichlich. Damit Business mit Spaß überhaupt noch möglich wird, winkt der Lohn der Arbeit – ein persönliches Erfolgserlebnis zur Stärkung des Selbstwertgefühls.

Zugleich ändern sich die Arbeitszeitstrukturen. Wir müssen *Abschied nehmen von der Normalarbeitszeit.* In der Rund-um-die-Uhr-Gesellschaft der Zukunft „purzeln" die Zeitblöcke von Arbeit und Freizeit „durcheinander" (Gross 1994, S. 80). Und mit der zunehmenden Doppelerwerbstätigkeit von Mann und Frau steigt auch die Wahrscheinlichkeit, daß bei einem berufstätigen Paar zumindest einer der Partner am Wochenende tätig ist, auf „fast 90 Prozent" (vgl. Vaskovics/Gross 1994, S. 10). Da sich bisher die familiären Aktivitäten auf das Wochenende konzentrierten und der Sonntag als gemeinsamer Ausflugs- und Besuchstag galt, kommt es bei zunehmender Wochenendarbeit zwangsläufig zu Einschränkungen in den familiären und sozialen Kontakten.

Unter der wachsenden *Desynchronisation der Zeit* werden die Familie und die Kinder am meisten zu leiden haben. Das kann die Gesellschaft nicht gleichgültig lassen: Eine neue Zeitpolitik ist geradezu gefordert. *Diese neue Zeitpolitik müßte wieder für eine Synchronisierung der Lebensbereiche Sorge tragen.* Wir müssen einfach zur Kenntnis nehmen, daß ein immer größerer Teil der Berufstätigen nicht mehr in der Normalarbeitszeit arbeitet, auf die doch bisher die meisten Angebote zugeschnitten sind. Konkret: Ein Kindergarten muß vielleicht in Zukunft schon um 5.00 Uhr geöffnet sein, eine Theatervorstellung auch nachmittags um 16.00 Uhr beginnen und eine Jugendfreizeitstätte nach 23.00 Uhr noch zugänglich sein.

Was schon vor über 20 Jahren von der Forschung gefordert wurde, nämlich für eine „synchrone Neuordnung von Raum und Zeit" Sorge zu tragen und sich über die „Neuordnung der Arbeitszeit und die alternative Verteilung der Freien Zeit" Gedanken zu machen (Opaschowski 1974, S. 32), hat bis heute nichts an Aktualität und Relevanz verloren. Die Probleme der Zeitsynchronisation (z.B. Öffnungszeiten) und Raumsynchronisation (z.B. Infrastruktur-, Verkehrsplanung) werden sich verschärfen.

Daraus ergeben sich neue Fragestellungen für Wirtschaft und Politik:

* Wie verändern sich aufgrund anderer individueller Arbeitszeitgestaltung die Karrierevorstellungen der Berufsgeneration von morgen?

* Welche Folgen haben die neuen Arbeitszeitmodelle für den Kommunikations- und Führungsstil in den Betrieben?
* Wie weit ist die immer notwendiger werdende Dienstleistungsmentalität „Freundlichkeit“ durch Motivations- und Verhaltenstraining von Mitarbeitern vermittel- und erlernbar?
* Müssen Arbeitnehmer in Zukunft mehr nach Leistung und Erfolg und weniger nach Anwesenheit und Arbeitszeit bezahlt werden?
* Wie wirken sich die Zunahme von Teilzeitbeschäftigungen bzw. mehreren Teilzeitarbeitsverhältnissen (neben- oder nacheinander) auf das gesellschaftliche und politische Leitbild „Vollbeschäftigung“ bzw. „Lebenslange Berufstätigkeit“ aus?
* Gerät nicht auch das gesamte gesellschaftliche Zeitgefüge im Dienstleistungsbereich (z.B. Öffnungszeiten von Läden, Behörden, Praxen, Bildungs-, Kultur- und Freizeiteinrichtungen) ins Wanken?

Zudem zeichnet sich ein *Paradigmenwechsel* ab. Muß nicht der Begriff „Arbeit“ um den Aspekt „Nichterwerbstätigkeit“ erweitert und die *Arbeitsgesellschaft umfassender als Tätigkeitsgesellschaft verstanden* werden? Gesellschaftliches Leitbild wäre dann nicht mehr primär der Erwerbstätige bzw. abhängig Beschäftigte, sondern – idealiter – „der freie tätige Mensch“ (Opaschowski 1987, S. 7).

Die Abnabelung von der Arbeit als alleinigem Zentrum des Lebens ist in vollem Gange. Und die *Häutung von der lust- und sinnenfeindlichen Berufsethik* fällt vielen traditionellen Institutionen schwer. Zur Arbeit als Ernst des Lebens gesellen sich zunehmend neue genußvollere Lebenswerte, die auch von der Politik akzeptiert werden müssen und zu veränderter Präsenz und Positionsbestimmung zwingen. Aus spezialisierten Arbeitnehmer-Parteien müssen in Zukunft *Interessenanwälte für Lebensqualität* werden, wenn der Wertewandel nicht verschlafen werden soll. An die Stelle der traditionellen Solidarität, dem Markenzeichen der Arbeiterklasse, tritt dann *ein neues Credo: Lernen. Leisten. Leben.* Eine wichtige Zukunftsaufgabe wird es sein, beim individuellen Wohlbefinden den Gemeinsinn nicht aus den Augen zu verlieren.

Darüber hinaus wird die demographische Entwicklung in Deutschland in den nächsten Jahren erhebliche Auswirkungen auf die Gestaltung der Arbeit haben. Die *Überalterung der Arbeitnehmerschaft* kann den „Lebensnerv des Standortes Deutschland in seiner zukünftigen Entwicklung“ (BMFT 1993) berühren. Ein *steigendes Frauenerwerbspotential* wird die Frage nach der Vereinbarkeit von Beruf und Familie verschärfen. Mehr als je zuvor werden die Wechselwirkungen von Arbeit und Technik, Freizeit und Konsum und ihre Folgen für den Standort Deutschland im 21. Jahrhundert von zentraler gesellschaftlicher Bedeutung sein.

Für die überwiegende Mehrheit der erwerbstätigen und nichterwerbstätigen Bevölkerung ist *Lebensqualität zunehmend im außer- und nachberufli-*

chen Bereich angesiedelt. Diese veränderte Lebenseinstellung kann Gesellschaft und Politik in Zukunft nicht gleichgültig lassen. Parteien und Gewerkschaften müssen umdenken und sich an der Schwelle zum 21. Jahrhundert neu positionieren und ein zukunftsorientiertes Profil gewinnen. Es genügt nicht mehr, allzu defensiv einen Perspektivenwechsel zur Kenntnis zu nehmen, bei dem die „Übergänge von der Erwerbs- zur *Nichterwerbsarbeit*" (Meyer 1994, S. 12) „stärker beachtet" werden sollen. Gewerkschaften und Parteien müssen sich vielmehr offensiv auch solchen Lebenskonzepten stellen, in denen es um mehr als nur um Gelderwerb geht.

6. Folgen für die Personalpolitik

Neue Arbeitsformen vom Teamwork im Betrieb bis zur Telearbeit zu Hause können das Anspruchsniveau verändern. Arbeitnehmer stellen dann höhere Ansprüche an die Qualität und Kreativität der Arbeit. Diese veränderten Lebensziele müssen in die Unternehmenspolitik integriert werden, denn ohne Motivation und das Engagement der Mitarbeiter sind Effizienzsteigerungen nicht erreichbar. Andernfalls machen sich *Überdrußsymptome und Verweigerungshaltungen* breit – auch und gerade bei den Leistungsorientierten, die ihre Ideen in außerberufliche Lebensbereiche verlagern.

Nur mehr jeder dritte Arbeitnehmer in Deutschland kann im Beruf noch Ideen durchsetzen. Die meisten Berufstätigen realisieren mittlerweile ihre Ideen erst nach getaner Arbeit.

In vielen Unternehmen werden Nachwuchskräfte bzw. junge Leute mit Karriereabsichten ebenso hofiert wie verheizt, also einerseits mit Aufstiegsversprechen und Einkommenserhöhungen zu besonderen Leistungen angespornt, aber andererseits durch Überstunden und Wochenendarbeit so belastet, daß das Privatleben zur Nebensache erklärt oder das Familienleben geopfert wird. Zu den schlanken Unternehmen gesellen sich auf diese Weise eher sozialverkümmerte Mitarbeiter, die beruflich auf- und privat abzusteigen drohen.

Das psychologische Klima in den Betrieben kann sich grundlegend verändern: Je mehr über Teamgeist gesprochen wird, desto mehr Einzelkämpfertum wird es in Wirklichkeit geben. Was früher ein Ausdruck für Arbeitszufriedenheit war (z.B. „ich empfinde meine Arbeit als angenehm"), wird immer seltener, genauso wie betriebliche Stimmungsfaktoren (z.B. Wärme, Harmonie, Vertrauen, Achtung, Hilfe) auszusterben drohen. Realistischerweise wird „Betriebsklima“ in „Organisationsklima“ (vgl. Gebert 1992) umdefiniert. Immer weniger Mitarbeiter werden noch stolz auf „ihre“ Firma sein können. Bei wachsenden Akzeptanzwiderständen wird an die notwendige Homogenität appelliert, Harmonie wird bescheiden auf Konfliktfreiheit reduziert. Droht die Unternehmenskultur zur „Friedhofskultur“ (Bleicher 1992, S. 2246) zu werden?

Gerät der *soziale Konsens* in den Betrieben zwischen Unternehmensführung und Betriebsrat ins Wanken? Die Gefahr ist groß, daß sich ein *Schein-Wir-Gefühl* ausbreitet, das in eigenen Seminaren systematisch trainiert und geschult werden „muß“. Wer auffälliges Wir-Gefühl demonstriert, beweist nichts anderes als seminargerechtes Verhalten. Wird dann das Wir-Gefühl – wie heute schon teilweise in der Werbe- und Medienbranche – mehr gespielt als gelebt?

Über die Sozial- und auch Gemeinwohlorientierung der Unternehmen muß ernsthaft nachgedacht werden. Menschliche Arbeitskraft kann doch nicht nur eine Ware bzw. ein Marktfaktor sein. Daraus folgt: Damit die Leistungsmotivation der Mitarbeiter dauerhaft gesichert wird und die Freude an der Arbeit erhalten bleibt, müssen *mehr Brücken zwischen Berufs- und Privatleben* gebaut werden. Wer bisher beruflich Erfolg haben wollte, mußte doch auf viel freie Zeit verzichten können, was auf Dauer persönlich und familiär kaum verkraftet werden konnte: Familiäre Verpflichtungen wurden vernachlässigt, die Partnerschaft geriet unter Druck, Entfremdung und Auseinanderleben waren oft die Folge. Die Kehrseite von Karriere und Erfolg (meist des Mannes) war die Langeweile und gesellschaftliche Isolierung (meist der Hausfrau). Nicht dem Partner davoneilen, sondern eine möglichst weite Strecke gemeinsam gehen, wird zu einer neuen Gestaltungsaufgabe der Zukunft. *Freude am Arbeiten und private Erfüllung müssen wieder als Ganzheit gesehen*, Arbeit und Beruf mit Familienleben und Freundeskreis in Einklang gebracht werden.

Eine zukunftsorientierte Personalpolitik in den Unternehmen kommt ohne die Lebens- und damit auch Arbeitszufriedenheit der Mitarbeiter nicht aus. Nur wer die Brücken zwischen Berufs- und Privatleben nicht abreißt, sondern stabilisiert, kann dauerhaft mit höherer Produktivität und größerer Wettbewerbsfähigkeit rechnen. Die Zukunftsfähigkeit einer betrieblichen Personalarbeit erweist sich in der gelungenen Verbindung der strategischen Ziele des Unternehmens mit den individuellen Lebenskonzepten der Mitarbeiter. *Ohne die Förderung des subjektiven Wohlbefindens der Mitarbeiter* (vgl. Rosenstiel 1993, S. 78) kann es keine echte Identifikation mit dem Unternehmen geben.

Andernfalls kann Arbeitszeit zur verlorenen Lebenszeit werden und der „heimliche Ausstieg“ droht. Häufig sind es die Kreativsten (vgl. Strümpel/Pawlowsky 1993, S. 44), die enttäuscht mit „innerer Kündigung“ reagieren. Darüber hinaus droht eine besondere Form der Leistungsverlagerung: *Flucht in den Zweitjob oder die Schwarzarbeit.* Kürzere Arbeitszeiten und sinkende Reallöhne hinterlassen ihre Spuren: Für jeden siebten Berufstätigen stellt mittlerweile der zeitliche Gewinn auch einen finanziellen Gewinn dar: Über 4 Millionen Beschäftigte machen aus der Freizeit wieder Arbeit. Die Freizeit wird zur zweiten Einkommensquelle, durch die sie nach eigenen Angaben „viel Geld verdienen" können – die Arbeiter (15%) etwas mehr, die Angestellten etwas weniger (10%). Das Arbeitsverständnis biblischen Ursprungs ‚Und wenn es köstlich gewesen ist, ist es Müh und Plag gewesen' trifft in Zukunft auch für die Freizeit zu. Bezahlte Arbeit wird zu einem kostbaren Gut – am Arbeitsplatz genauso wie nach Feierabend.

7. Hilferuf der Jugend an Staat und Wirtschaft

Die Zeiten des Wohlfühlens im warmen Bad des Wohlstands sind vorerst vorbei. Und auch der Traum vom schönen Leben ist erst einmal ausgeträumt. Immer mehr Bürger müssen die Erfahrung machen: Freie Zeit ist ohne finanzielle Absicherung wenig wert. Existentielle Sorgen um Arbeit und Ausbildung rücken andere Probleme in den Hintergrund. Insbesondere bei der jungen Generation ist ein Einstellungswandel feststellbar.

Aktuelle Befragungsergebnisse stimmen nachdenklich. Der *Hilferuf vor allem der jungen Generation an Staat und Wirtschaft*, die Arbeits- und Ausbildungslosigkeit wirksam zu bekämpfen, wird immer lauter. Wie nie zuvor in den letzten Jahren sehen die 14- bis 29jährigen hierin das größte „vordringlich zu lösende" Problem der Gegenwart. Drei Viertel der Jugendlichen fordern Politik und Wirtschaft auf, mit der Schaffung von Ausbildungsplätzen sofort zu beginnen. In den Jahren zuvor (1995: 62% – 1989: 63%) war der Dringlichkeitsgrad deutlich geringer eingeschätzt worden. Geradezu dramatische Ausmaße nimmt inzwischen das ungelöste Problem der Arbeitslosigkeit an. Fast eine ganze Generation fordert mittlerweile wirksamere Maßnahmen im Kampf gegen die Arbeitslosigkeit. Tendenz weiter steigend (1989: 82% – 1995: 87% – 1997: 93%).

Es ist unbestritten: Ohne materielle Absicherung kann die junge Generation auch keine Zukunftsperspektiven entwickeln. Drängende soziale Probleme der Gegenwart werden zwangsläufig in den Hintergrund gedrängt, solange es für die Jugendlichen keine Ausbildungs- und Arbeitsplatzsicherheit gibt. Selbst die Umweltproblematik gerät angesichts der unmittelbaren Bedrohung, arbeitslos zu werden, immer mehr aus dem Blickfeld der jungen Generation (1989: 85% – 1995: 69% – 1997: 57%).

Aus der Sicht der Jugendlichen ziehen die ungelösten ökonomischen Probleme *gravierende soziale Probleme* nach sich. Immer mehr Jugendliche sehen in der Bekämpfung der Kriminalität eine größere gesellschaftliche

Herausforderung (65%) als in der Bekämpfung der Umweltprobleme (57%) und schätzen die Notwendigkeit, die weitere Ausbreitung von Aggressivität und Gewalt in der Gesellschaft zu verhindern, für dringlicher ein (47%) als die Sicherung des Wohlstands (21%) vor allem für jene, die ohnehin schon Arbeit haben. Das ungelöste Problem der Arbeitslosigkeit kann auf längere Sicht das soziale Klima spürbar belasten und zu einem Anstieg der Gewaltkriminalität führen. Das könnte die Gesellschaft teuer zu stehen kommen. Die sozialen Folgekosten für die Zukunft sind derzeit kaum abschätzbar. Und das Vertrauen der Jugend in die Leistungsfähigkeit von Politik und Wirtschaft droht verloren zu gehen.

8. Lösungsansätze aus der Sicht der Bevölkerung

Während Politik und Wirtschaft noch öffentlich darüber diskutieren, welche globalen, strukturellen oder konjunkturellen Ursachen die Arbeitslosigkeit hat, ist die Bevölkerung schon einen Schritt weiter. Bei der Repräsentativumfrage über mögliche Maßnahmen zum Abbau der Arbeitslosigkeit konnten sich die Befragten zwischen verschiedenen Lösungsansätzen, die in der Öffentlichkeit kontrovers diskutiert werden, entscheiden. Die Antworten der Bevölkerung konzentrieren sich derzeit auf drei Hauptforderungen an Staat und Wirtschaft:

1. *Neue Betriebe nach Deutschland holen*, um die Abwanderung von Arbeitsplätzen ins Ausland zu stoppen.
2. *Überstunden abbauen* zugunsten neuer Arbeitsplätze.
3. *Lohnnebenkosten senken*, damit Arbeitsplätze bezahlbar bleiben.

Forderung 1: Die Verlagerung von Arbeitsplätzen ins Ausland bereitet der Bevölkerung derzeit die größten Sorgen. Die Bürger erwarten von der Politik, daß sie in die Offensive geht und *neue Betriebe* nach Deutschland holt und günstige Rahmenbedingungen für ausländische Investoren schafft. Zu den Hauptbefürwortern einer solchen neuen *Offensiven Arbeitsmarktpolitik* zählen vor allem Familien mit Jugendlichen, die um ihre Zukunft bangen müssen, sowie die Landbevölkerung. Die Diskussion um den Standort Deutschland hat offensichtlich die Landbevölkerung weitgehend aus dem Blick verloren, die nun beinahe ohnmächtig dem flächendeckenden Abbau von Arbeitsplätzen zusehen muß.

Wo sind die Politiker, die nicht nur gebetsmühlenartig appellieren „Wir müssen etwas gegen die Arbeitslosigkeit tun“, sondern durch Taten glänzen und tagtäglich verkünden können: „Wir haben schon wieder einen Betrieb nach Deutschland geholt.“ Offensive Arbeitsmarktpolitik muß mehr agieren als reagieren, also attraktive Rahmenbedingungen als Anreiz für die Ansiedlung neuer Betriebe schaffen.

ABBAU DER ARBEITSLOSIGKEIT

Forderungen der Bevölkerung an Staat und Wirtschaft

Was die Bundesbürger als **besonders wirksame Maßnahmen im Kampf gegen die Arbeitslosigkeit** vorschlagen:

Basis: Repräsentativbefragung von 3.000 Personen ab 14 Jahren im Juli 1997 in Deutschland

B·A·T Freizeit-Forschungsinstitut

Forderung 2: Jeder zweite Bürger hält den *Abbau von Überstunden* zugunsten neuer Arbeitsplätze für eine „besonders wirksame Maßnahme“ im Kampf gegen die Arbeitslosigkeit. Vor allem die von Arbeits- und Ausbildungslosigkeit am meisten bedrohten Jugendlichen im Alter von 14 bis 19 Jahren fordern einen radikalen Überstundenabbau (57%), damit sie selbst noch eine berufliche Zukunft haben.

Forderung 3: Der Faktor Arbeit ist zu teuer geworden – eine Erfahrung, die mittlerweile Unternehmer- und Arbeitnehmerschaft gleichermaßen machen. 53 Prozent der berufstätigen Bevölkerung fordern eine spürbare *Senkung der Lohnnebenkosten*, damit Arbeitsplätze noch bezahlbar bleiben. Vor allem

Selbständige und Freie Berufe (57%) sowie fast zwei Drittel der Leitenden Angestellten (62%) sprechen sich für eine Kostenentlastung des Faktors Arbeit aus, weshalb Teile der sozialen Sicherung mehr durch Verbrauchssteuern als durch Lohnnebenkosten finanziert werden müßten. Unternehmer- und Arbeitnehmertätigkeiten sind steuerlich zu entlasten, damit sich Leistung wieder lohnt bzw. bezahlbar bleibt und inländische Unternehmen im Wettbewerb mit der ausländischen Konkurrenz nicht benachteiligt werden.

8.1 Arbeit statt Arbeitslosigkeit finanzieren

Zwei von fünf Befragten (39%) votieren darüber hinaus für eine ebenso innovative wie unkonventionelle Problemlösung: *Neue Jobs für Arbeitslose durch staatliche Zuschüsse finanzieren (z.B. durch Lohnsubventionen bei Niedriglöhnen).* Vielen Bürgern ist mittlerweile klar: Wenn nichts passiert, zeichnen sich eher englische Verhältnisse für die Zukunft ab: Eine Arbeitslosenquote von vielleicht weit unter zehn Prozent – dafür aber ein Drittel kurzfristig Beschäftigte, ein Drittel Teilzeitbeschäftigte und nur mehr ein Drittel Vollzeitbeschäftigte. Insbesondere die kurzfristig Beschäftigten drohen dann zu einer *neuen Klasse der arbeitenden Armen* zu werden, die ebenso unterbeschäftigt wie unterbezahlt sind. Für sie gibt es keinen Mindestlohn, keinen Kündigungsschutz und keine geregelte Arbeitszeit mehr.

Damit sich – im Vergleich zu Sozialhilfeempfängern – Arbeitsleistungen in solchen Jobs mit Niedriglöhnen überhaupt noch lohnen, müßten sie staatlich subventioniert werden. Staatlich subventionierte Niedriglöhne sind immer noch sinnvoller als staatliche Sozialhilfen. Die Chance für neue Arbeitsplätze ist in jedem Fall größer, *wenn Arbeit statt Arbeitslosigkeit finanziert wird.* Ein Arbeitsloser kostet die öffentlichen Haushalte über 40.000 Mark im Jahr. Dafür könnte man mehrere Beschäftigte mit Niedriglohn bezahlen bzw. bezuschussen. Also lieber drei schlechtbezahlte Jobs mit Lohnkostenzuschuß als ein Beschäftigungsloser auf Lebenszeit.

Schließlich weisen die Zahlen des Nürnberger Instituts für Arbeitsmarkt- und Berufsforschung (IAB 1997) nach, daß derzeit 58,4 Prozent der Arbeitslosen ein Jahr und länger arbeitslos sind. Wer nicht sofort wieder den Sprung in den Arbeitsmarkt schafft, bleibt erfahrungsgemäß zwei Jahre ohne Anstellung. Jeder dritte Arbeitslose ist schon heute ein Langzeitarbeitsloser mit immer geringeren Beschäftigungschancen.

8.2 Neue Existenzgründungen fördern

38 Prozent der Bevölkerung (Berufstätige: 46%) sprechen sich dafür aus, die Arbeitslosigkeit durch die *vorrangige Förderung von Selbständigkeit und neuen Existenzgründungen* zu bekämpfen. Dies setzt auf seiten der Politik

die steuerliche Begünstigung von Existenzgründern, insbesondere von Risiko- und Haftungskapital voraus.

Andererseits kann für die Zukunft auch befürchtet werden, daß sich im existentiellen Kampf um Arbeit und gesichertes Einkommen aus dem abhängig Beschäftigten nicht der neue Selbständige entwickelt, sondern eher der „selbständige Einzelkämpfer“ (Peter Gross). Individualistisch und erfolgsorientiert: Von der Ellbogenmentalität bis zur Rücksichtslosigkeit. Ohne Arbeitsplatzsicherheit und ohne feste Anstellung im Rücken kann *auf dem Arbeitsmarkt ein Kampf aller gegen alle* entbrennen.

8.3 Sozialeinkommen mit gemeinnütziger Tätigkeit verbinden

Die Frage, wie bei anhaltend hoher Arbeitslosigkeit Existenzsicherung und Altersvorsorge dauerhaft gewährleistet werden können, wird in Politik und Gesellschaft kontrovers diskutiert, ohne daß sich ein sozialer Konsens abzeichnet. Gut ein Drittel der Bevölkerung (35%) plädiert daher für eine Problemlösung mit geradezu sozialrevolutionärem Charakter:

Jeder Bürger soll einen Anspruch auf Sozialhilfe bzw. Sozialeinkommen haben, wenn eine gemeinnützige Tätigkeit – von der Kindererziehung bis zur Altenbetreuung – nachgewiesen werden kann.

Die Begründung hierfür liegt auf der Hand: Massenhafte Beschäftigungslosigkeit wird auf Dauer staatliche Sozialprogramme unbezahlbar machen, d.h. sie müssen Zug um Zug durch freiwillige soziale Arbeiten ersetzt werden. Insofern stellen die einzig sinnvolle und auch gesellschaftlich anerkannte Alternative zur Erwerbsarbeit *Freiwilligenarbeit, gemeinnützige Tätigkeit und soziales Engagement* dar.

Seit über dreißig Jahren wird in aller Welt die Idee eines sogenannten „Sozialeinkommens“ diskutiert. Gemeint ist ein Grundgehalt bzw. *garantiertes Mindesteinkommen für alle*. Die Meinungen sind geteilt. Zu groß ist in Politik und Wirtschaft noch die Angst, daß sich mit der Verwirklichung eines garantierten Mindesteinkommens vor allem bei der jüngeren Generation ein „Arbeitswille“ erst gar nicht mehr entwickeln könne. Dieses Problem ist jedoch lösbar, wenn von vornherein das Sozialeinkommen *an eine gemeinnützige Tätigkeit gekoppelt* ist. Das Sozialeinkommen, das den Menschen die Existenzängste nimmt und vom Stigma der Arbeitslosigkeit befreit, wird also nur gewährt, wenn eine Gegenleistung (= Leistung auf Gegenseitigkeit) erbracht und sozial nützliche Tätigkeit nachgewiesen wird. Dies entspricht durchaus der Vorstellung der Bevölkerung, die der Arbeits-, Erwerbs- und Industriegesellschaft keine Zukunft mehr gibt, aber von der *Zukunft der Lei-*

stungsgesellschaft weiterhin überzeugt ist. Eine humane Gesellschaft also, in der alle Menschen etwas leisten – entweder durch Arbeit gegen Geld oder durch gute Werke mit entsprechend honorierter sozialer Anerkennung.

Eine etwas andere Variante stellt der derzeit diskutierte *Kombi-Lohn* dar, der sich aus Sozialhilfe *und* Arbeitsentgelt zusammensetzt. Für Sozialhilfeempfänger sollen *neue Arbeitsanreize* geschaffen werden, indem ihnen nicht mehr wie bisher ab einem Entgelt von 1.000 Mark der gesamte Hinzuverdienst von der Sozialhilfe abgezogen wird. *Lieber Arbeit als Sozialhilfe.* Insbesondere bei Langzeitarbeitslosen soll künftig für die Dauer eines Jahres mindestens die Hälfte ihrer Nebenverdienste anrechnungsfrei bleiben, damit die Arbeitsanreize verbessert werden und die Leistungspotentiale nicht brachliegen. Das wäre eine echte Übergangshilfe zur Selbsthilfe.

Um nicht mißverstanden zu werden: Es gibt sicher nicht „den" Königsweg zur Lösung der Arbeitslosenproblematik. Realistischer ist es vielmehr, sich über *Kombinations-Lösungsansätze* ernsthafter Gedanken zu machen. Wenn die von der Bevölkerung favorisierten Lösungsansätze nicht isoliert, sondern im Zusammenhang verwirklicht würden – also z.B. Abbau der Überstunden *und* Senkung der Lohnnebenkosten *und* Lohnsubventionen für Niedrig-Löhne (Kombi-Löhne), dann wäre auch die Halbierung der Arbeitslosenzahl in absehbarer Zukunft keine Illusion oder Utopie mehr. Wieso müssen in Deutschland über vier Millionen Menschen zwangsweise zu Hause bleiben, während andere gleichzeitig 1,8 Milliarden Überstunden leisten? Die Bundesanstalt für Arbeit weist überzeugend nach: Wenn nur 40 Prozent dieser Überstunden in Arbeitsplätze umgewandelt würden, brächte das 400.000 zusätzliche Beschäftigte (vgl. Bernhard Jagoda 1997).

8.4 Teilen der Erwerbsarbeit

Knapp ein Drittel der Bevölkerung (32%) läßt erste *Anzeichen einer Solidarität* erkennen: Mehr Vollzeitarbeitsplätze sollen in *Teilzeitarbeitsplätze* aufgeteilt werden (Frauen: 34% – Männer: 30%; Ostdeutsche: 36% – Westdeutsche: 31%). Gefordert wird eine gleichmäßigere und gerechtere Verteilung des knappen Gutes Arbeit. Gemeint ist nicht eine flächendeckende Arbeitszeitverkürzung nach dem Gießkannenprinzip, sondern mehr Mut zu individuellen Problemlösungen nach den jeweiligen Möglichkeiten der einzelnen Branchen und Betriebe. Die Beschäftigten hätten dann eine *Arbeitsplatzgarantie*, würden aber immer kürzer arbeiten, also auch weniger verdienen.

Kürzere Arbeitszeit – nein, danke? Zwölf Prozent der Gesamtbevölkerung bzw. jeder neunte Beschäftigte (11%) ist derzeit *zu Arbeitszeitverkürzungen mit Lohnverzicht bereit.* Das wären rein rechnerisch rund 3,8 Millionen Beschäftigte. Da sich erfahrungsgemäß nur etwa jede zweite

Stelle wirtschaftlich splitten läßt, ergibt dies ein Potential von etwa 1,9 Millionen Teilzeitjobs bzw. Stellen für Job-Sharing. Wenn also Arbeit kein Privileg für wenige bleiben, sondern eine Beschäftigungsmöglichkeit für viele werden soll, dann müßte der soziale Grundgedanke *Teilen der Erwerbsarbeit*, wie er auch von den beiden Kirchen gefordert wird, zum Zuge kommen. Eine solche geänderte Verteilung der Arbeit hätte natürlich einen schmerzlichen Preis. Ob nun Teilzeit-Job oder Job-Sharing: Die Arbeitslosenquote würde dadurch spürbar gesenkt, Lohn und Einkommen aber auch.

Die Angst vor Wohlstandsverlust oder gar einem spürbaren Rückgang des eigenen Lebensstandards erklärt auch, warum derzeit fast neunzig Prozent der Bevölkerung einer *„radikalen Arbeitszeitverkürzung für alle ohne vollen Lohnausgleich"* nicht zustimmen wollen. Denn hier ginge es wirklich an die Substanz – ganz abgesehen davon, daß eine solche Maßnahme mehr Zwangscharakter hätte. Positiv formuliert heißt dies aber auch: Etwa 3,8 Millionen Erwerbstätige würden *„gerne täglich etwas kürzer arbeiten"*, auch wenn sie dabei weniger Lohn bekämen. Und 9 Prozent der 34,5 Millionen Erwerbstätigen in Deutschland, also 3,1 Millionen Beschäftigte, könnten sich sogar mit der Möglichkeit einer *„Vier-Tage-Woche mit Lohnverzicht"* anfreunden.

Vier Millionen Arbeitslose suchen in Deutschland einen Job – und etwa genausoviele Vollzeitbeschäftigte wollen lieber weniger arbeiten.

* Wenn das vorhandene Potential besser genutzt und das Angebot an Teilzeitarbeitsplätzen erweitert werden würde, könnte dann nicht auf Subventionen, Geldprämien und materielle Anreize zur Schaffung von Teilzeitarbeitsplätzen verzichtet werden?

* Und wenn es gelänge, das Arbeitsplatzangebot mehr auf die individuellen Arbeitnehmerwünsche auszurichten, würden dann nicht weniger Vollzeitarbeitsplätze mehr Teilzeitarbeitsplätze schaffen und Massenarbeitslosigkeit abbauen helfen?

Problemlösungen nur auf den ersten Blick: Arbeitsplätze sind nicht einfach teilbar und austauschbar. Von dem Angebot zur Reduzierung von Arbeitszeit und Arbeitseinkommen wollen vor allem drei Bevölkerungsgruppen Gebrauch machen: *Die Großstädter, die Höhergebildeten und die Besserverdienenden.* Dies deutet auf eine fast unlösbare Aufgabe hin, die einer Quadratur des Kreises gleicht.

Viele Höherqualifizierte wollen weniger arbeiten, aber Geringerqualifizierte können ihre Arbeiten nicht ohne weiteres übernehmen.

Eine solche Übernahme wäre an eine unabdingbare Voraussetzung gebunden, wie sie der französische Soziologe André Gorz schon Anfang der 80er Jahre als Vision auf dem „Wege ins Paradies" gezeichnet hatte. Eine gerechtere Verteilung und Umverteilung der Arbeit würde eine „Banalisierung der Berufe" (Gorz 1983, S. 76) voraussetzen. Hochqualifizierte Arbeiten und Berufe müßten dann so banalisiert, also vereinfacht werden, daß sie jederzeit austauschbar bzw. rasch erlernbar wären. Eine soziale Utopie. Dagegen spricht auch, daß ein Umsteigen von Vollbeschäftigung auf Teilzeit mit Prestigeverlusten verbunden ist. Dazu sind die meisten Arbeitnehmer (noch) nicht bereit, weil Arbeitszeitverkürzung mit Lohnverzicht *eher als sozialer Abstieg empfunden*, jedenfalls nicht als Startschuß in eine neue Epoche des Arbeitslebens gefeiert wird.

Andererseits „muß" in Zukunft ernsthafter als bisher darüber nachgedacht werden, ob nicht auch Führung teilbar und Teilzeitarbeit für Führungskräfte machbar ist (z.B. durch sinnvolles Delegieren von Aufgaben), ohne gleich einen „Karriereknick" befürchten zu müssen.

Wir brauchen in Zukunft mehr *Zeitpioniere*, die Arbeit neu definieren und geringere Arbeitszeiten auch als Chance begreifen und Beschäftigung zur „Arbeit à la carte" machen. Gleichwertig neben die Erwerbstätigkeit setzen sie die Tätigkeit in der beschäftigungsfreien Zeit wie z.B. Lernen und Weiterbildung, Selbst- und Nachbarschaftshilfe, soziales Engagement und freiwillige Mitarbeit in Organsiationen.

Für die Zeitpioniere ist der neu gewonnene „Zeitwohlstand" (Opaschowski 1983) mindestens genauso wichtig wie die Einkommenserhöhung oder die Vielfalt der Konsummöglichkeiten. Weil sie weniger für andere arbeiten, haben sie mehr Zeit für sich, für ihre Hobbies, ihre Familie und ihre Freunde. So kann die Arbeitszeitverkürzung und -flexibilisierung zu einer Veränderung der gesamten Lebensgestaltung führen (vgl. Hörning 1990). Und aus bloßer Freizeit könnte wieder wirklich freie Lebenszeit werden.

9. Mehr Zeit, weniger Geld – und die Folgen

Doch noch gilt nach wie vor aus der Sicht der Beschäftigten: *Arbeitszeitverkürzungen mit entsprechenden Lohnkürzungen werden lediglich als Notmaßnahme akzeptiert*, um weitere Massenentlassungen zu verhindern. Sie taugen nur als „Modell auf Zeit". Andererseits ist absehbar: Arbeitszeitverkürzungen werden sich in den nächsten Jahren fast nur noch über den Weg *„Mehr Zeit, weniger Geld"* realisieren und finanzieren lassen.

Solidarität stößt immer dann an ihre Grenzen, wenn sie „weh tut", also eine bestimmte „Schmerzgrenze" erreicht, wenn man sich „für andere" einschränken muß oder gar Verzicht üben soll. Die „Ich-habe-einen gewissen-Lebensstandard-erreicht"-Haltung gleicht einer Anspruchshaltung, an der man unter allen Umständen festhalten will. Konsumverzicht findet daher fast nur unter Zwang statt. Freiwillig verzichtet kaum jemand auf Auto, Haus, Wohnung, Garten...

Eher breitet sich die Angst aus, zum Wohlstandsverlierer zu werden, also die in den letzten Jahren mühsam erarbeiteten und verdienten Wohlstandsgüter wie Auto, Sport, Hobby und Urlaubsreise wieder zu verlieren. Um nicht auf der Skala des Sozialprestiges absteigen zu müssen, gehen immer mehr Arbeitnehmer aus der sozialen Mittelschicht nach Feierabend einem Nebenjob nach. Auslöser hierfür ist weniger die Angst vor materieller Not, als vielmehr die *Angst vor dem sozialen Absturz*, vor dem Gesichtsverlust gegenüber Nachbarn, Freunden und Kollegen.

Damit sich der Niedriglohn nicht in gravierende Einbußen an Lebensqualität verwandelt, werden also in Zukunft viele Arbeitnehmer Ausschau nach neuen Einnahmequellen und Erwerbsmöglichkeiten halten: Vom Zweitberuf und Teilzeitjob über Nebentätigkeiten bis hin zur Schwarzarbeit. Der amerikanische Soziologe David Riesman wußte schon vor über dreißig Jahren zu berichten, daß bei radikaler Arbeitszeitverkürzung selbst Gewerkschaftsfunktionäre einen *zweiten Beruf* als Taxifahrer, Barkeeper oder Grundstücksmakler in den USA ausübten. Sie taten dies nicht nur aus Geldnot oder Geldgier heraus. Vielmehr hatten sie das Gefühl, sie wären auf einmal „von voller Arbeitszeit auf Kurzarbeit gesetzt" (Riesman 1964/ 1973). Die Arbeitszeitverkürzung hatte für viele *ein Vakuum geschaffen*, das durch zusätzliche Arbeiten wieder ausgeglichen werden sollte.

Das plötzliche Mehr an freier Zeit konfrontiert die Arbeitnehmer mit neuen Problemen: Denn bisher waren sie ja gewohnt, bei mehr Zeit auch mehr Geld zur Verfügung zu haben. Deswegen stellt sich bei vielen *ein fast innerer Zwang zum Jobben und Geldverdienen* ein, um den gewohnten Lebensstil beibehalten zu können. Damit können sie auch psychischen Problemen aus dem Wege gehen. Insbesondere die Alleinstehenden sind bei Teilzeit- und Kurzarbeit vor allem an Wochenenden von Depressionen bedroht (vgl. Opaschowski 1972, S. 505). Das Fernsehen muß dann eine „Ausfüll-Funktion" übernehmen.

Etwa jeder siebte Arbeiter ist nicht abgeneigt, bei weiterer Arbeitszeitverkürzung „im Freundes- und Bekanntenkreis handwerklich tätig zu werden", was nur eine andere Umschreibung für *Schwarzarbeit* ist. Auch jeder neunte Beamte und Angestellte will gerne einer beruflichen Nebentätigkeit nachgehen. Und 3 Prozent der Bevölkerung wären sogar bereit, noch einmal neu anzufangen und einen praktischen Zweitberuf (z.B. Tischler) zu erlernen. Damit könnte sich eine Zukunftsprognose aus den siebziger Jahren bewahrheiten, wonach die *Freizeit zunehmend den Charakter einer Zweitberufszeit* bekommt und sich die „Grenzen zwischen Heim- und Handwerker" verwischen (Opaschowski 1972). Dies kann auch als Zukunftschance begriffen werden. Denn in solchen Tätigkeiten suchen und finden die Menschen das, was vielen hauptberuflichen Tätigkeiten bereits verlorengegangen ist: Sinnbezug, Selbstdarstellung und Erfolgserleben.

Noch aber haben Teilzeitbeschäftigte unter der gesellschaftlichen Norm und dem öffentlichen Leitbild der Vollbeschäftigung zu leiden. Wer heute „nur" teilzeitbeschäftigt ist, muß mit der Einschätzung leben, minderbezahlt, minderqualifiziert oder gar minderwertig zu sein.

Solange nicht das Leitbild der Vollbeschäftigung von Wirtschaft, Politik und Gesellschaft neu definiert wird, sehen sich Teilzeitbeschäftigte Verdächtigungen von mangelnder Arbeitsmotivation über Arbeitsunlust bis zu Faulheit ausgesetzt. Wir brauchen also neue Leitbilder einer sich wandelnden Arbeitsgesellschaft, damit sich nicht Teilzeitbeschäftigte der Inquisition von Kollegen, Freunden und Nachbarn unterziehen, zur eigenen Glaubwürdigkeit permanent Leistungsnachweise erbringen oder symbolisch nach Feierabend Dauerstreß dokumentieren müssen.

Hauptgewinner sind in jedem Fall die Betriebe. Mehr Teilzeitarbeit führt zu einem Anstieg der Produktivität, lastet Maschinen und Anlagen besser aus, ermöglicht flexibleres Reagieren auf saisonale Marktschwankungen, verringert die Ausfälle durch Krankheiten, Betriebsunfälle und Fehlzeiten für Besorgungen und verbessert das Arbeitsklima und die Arbeitsmoral.

Änderungen in der Einstellung zur Teilzeitarbeit sind nur von einem allgemeinen Bewußtseinswandel zu erwarten, der in Zukunft – vielleicht – Individuen und Institutionen gleichermaßen erfaßt. Die Menschen müßten also (wieder) lernen, *Lebenszeit für sich bewußt in Anspruch zu nehmen* und Eigenzeit als besonderen Lebenswert zu begreifen, ohne Erwerbsarbeit gleich zum notwendigen Übel zu erklären. Ganz im Gegenteil: Die Zeitpioniere von morgen könnten genauso arbeitsmotiviert und leistungsbereit sein und zugleich mehr vom Leben haben, wenn es gelänge, „gegen viele Widerstände" (Hörning 1990, S. 12) *neue Muster des Verhältnisses von Arbeit und Leben* durchzusetzen. Genauso wichtig wie materieller Wohlstand könnte dann Zeitwohlstand werden.

Doch noch schlagen die Uhren anders: Wer heute zugibt, viel Zeit zu haben, „disqualifiziert sich selbst und scheidet aus der Gesellschaft derer, die etwas leisten, aus ..." (Luhmann 1971, S. 150). Oder wir denken neu über den Begriff der Leistung nach – konkret: über eine neue Sinngebung der Leistungsgesellschaft.

II. Die Leistungsgesellschaft. Beschäftigungschancen und Sinnperspektiven

1. Abschied von der Arbeitsgesellschaft

Die Bevölkerung weiß den Ernst der Lage sehr wohl einzuschätzen. *Von der Arbeitsgesellschaft heißt es Abschied nehmen* meinen drei Viertel der Bevölkerung, also nur mehr jeder vierte kann sich damit identifizieren. Und auch an die Industriegesellschaft glauben die meisten (66%) nicht mehr. Für die überwiegende Mehrheit der Bevölkerung in Deutschland gibt es nur noch einen treffenden Begriff zur Beschreibung der gesellschaftlichen Wirklichkeit: *Leistungsgesellschaft (60%)*. Mit dem Begriff Leistungsgesellschaft kann – sehr viel umfassender als bei der Erwerbs-, Arbeits- oder Industriegesellschaft – jede Form von gesellschaftlicher Leistung zum Ausdruck gebracht werden. Die Bevölkerung hat offensichtlich ein Gespür dafür, was im Berufsleben genauso zählt wie im privaten Bereich: *Soziale Anerkennung verdient, wer im Leben etwas leistet.*

Die elementare Voraussetzung für jede wirtschaftliche Entwicklung liegt doch in der Natur des Menschen, also im menschlichen Bedürfnis, etwas zu leisten. Dieses Bedürfnis nach Leistung ist letztlich die treibende Kraft für jedes wirtschaftliche Wachstum einer Gesellschaft. Das Leistungsmotiv darf dabei nicht mit dem Profitmotiv oder dem Gelderwerb verwechselt werden. Offen bleibt beim Wandel von der Industrie- zur Leistungsgesellschaft eigentlich nur die Frage: Leistung – wofür? In der Arbeit? Im Sport? Oder im freiwilligen sozialen Engagement?

Der Lebenssinn muß im 21. Jahrhundert neu definiert werden: Leben ist dann die Lust zu schaffen. Schaffensfreude (nicht nur Arbeitsfreude) umschreibt das künftige Leistungsoptimum von Menschen, die in ihrem Leben weder über- noch unterfordert werden wollen.

Politik und Wirtschaft sollten sich rechtzeitig auf den sich ankündigenden Wertewandel in Richtung auf eine *neue Gleichgewichtsethik* (vgl. Strümpel 1988) einstellen und mehr fließende Übergänge zwischen Berufs- und Privatleben schaffen.

ABSCHIED VON DER ARBEITSGESELLSCHAFT

Die Zukunft gehört der Leistungsgesellschaft

Von je 100 Befragten bezeichnen Deutschland als....

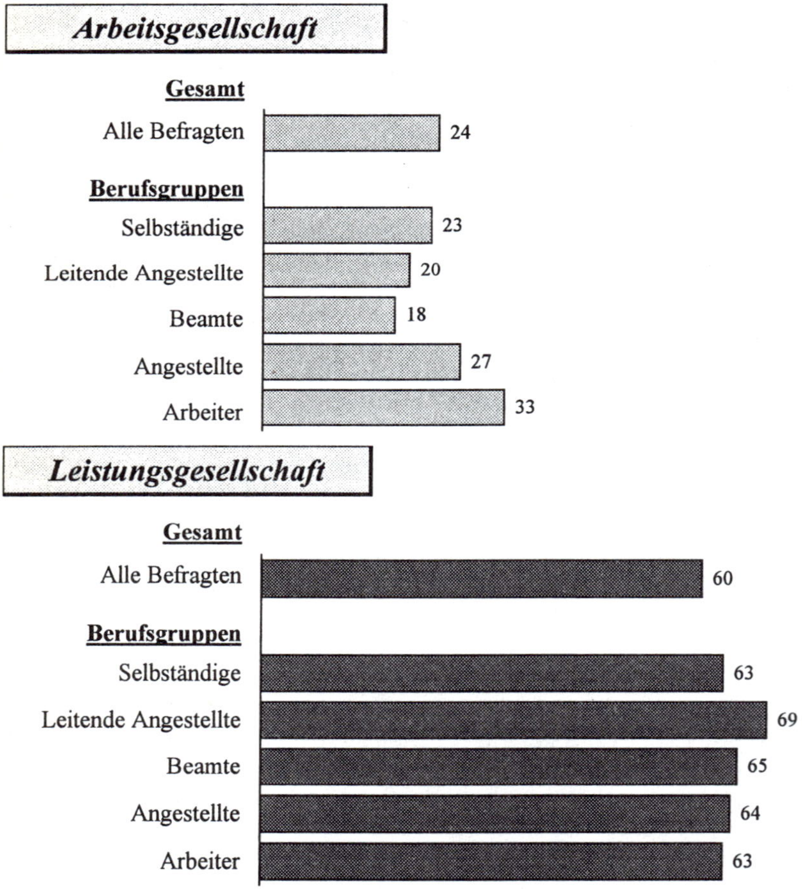

Repräsentativbefragung von 3.000 Personen ab 14 Jahren im Juni 1996 in Deutschland

B.A.T Freizeit-Forschungsinstitut

Die junge Generation befindet sich derzeit auf dem Wege zu einer neuen Lebensbalance. Leistung und Lebensgenuß sind für sie keine Gegensätze mehr. Ganz anders, als es in den 70er und 80er Jahren befürchtet und diagnostiziert worden war (vgl. Noelle-Neumann 1978; Strümpel 1985), hat sich die Einstellung der jungen Generation zu Arbeit und Leistung entwickelt: Die befürchtete Leistungsverweigerung fand und findet nicht statt. Im Zeitvergleich der letzten Jahre ist beispielsweise erkennbar, daß *Leistung und Lebensgenuß* immer gleichgewichtiger beurteilt werden. Die Einstellung der jungen Generation läßt darauf schließen, daß Leistung und Lebensgenuß ihren Alternativ- oder gar Konfrontationscharakter verloren haben. Offensichtlich gehören Leistung und Lebensgenuß einfach zum Leben dazu. Kein Lebensgenuß ohne Leistung. Umgekehrt gilt aber auch: Lebensgenuß lenkt nicht mehr automatisch von Leistung ab. Und wer sein Leben nicht genießen kann, wird auf Dauer auch nicht leistungsfähig sein.

Es bleibt festzuhalten: Der Mensch kann auf Dauer nicht untätig in seinen eigenen vier Wänden verweilen. Er braucht eine Aufgabe. Die Passivität und Untätigkeit des Menschen ist offensichtlich nicht im Plan der Schöpfung vorgesehen. Der Mensch ist eher als gefährdetes Wesen geschaffen, das um sein Überleben kämpfen muß wie andere Lebewesen auch. Aus der Sicht der Evolutionsbiologie ist der Mensch geradezu „auf Anstrengung programmiert“ (von Cube 1995), auf den ganzen Einsatz seiner Kräfte. Hingegen führt Lust ohne Anstrengung zu Langeweile oder gar Selbstzerstörung. Daraus folgt:

Arbeit ohne Lust und Freizeit ohne Leistung kann der Mensch auf Dauer nicht ertragen. Lernen, Leisten, Leben – das sind die Zielvorstellungen, die die Bevölkerung heute von Lebensqualität hat und die sie als Forderungen an die Zukunft stellt.

2. Sinnwelt Arbeit – Sinnwelt Freizeit: Von der Alternative zur Symbiose

In der nachindustriellen Gesellschaft bekommen Arbeit und Freizeit ein anderes Gesicht. Beide Lebensbereiche müssen ihren Anspruch auf „sinnvolle Beschäftigung“ einlösen. Dabei geht es um die Frage, welchen Beitrag jeweils die Arbeitswelt und der Freizeitsektor zur Sinnerfüllung des Lebens leisten können. So schmerzlich die Erkenntnis auch ist:

Mit dem Ende der Vollbeschäftigung verliert die Arbeit ihre dominante Prägekraft für das Leben. Ihre sinnstiftende Funktion bleibt zwar erhalten; daneben aber nimmt die Prägung des Menschen durch die außerberufliche Lebenserfüllung deutlich zu.

Die Freizeit wird mittlerweile von den Berufstätigen als genauso „sinnvoll" angesehen (51%) wie die Arbeit (52%). Teilweise übertrifft sie schon die Arbeit an Lebensbedeutung. So empfindet beispielsweise jeder zweite Berufstätige im Alter von 16 bis 59 Jahren seine Freizeit als „erfüllt" (51%), während die Arbeit nur von 36 Prozent so erlebt wird. In den siebziger und achtziger Jahren wurde vielfach das Sinnvakuum in der Freizeit beklagt und kritisiert. Jetzt löst offenbar auch der arbeitsfreie Teil des Lebens seinen Anspruch auf Sinnerfüllung des Lebens zunehmend ein.

Die subjektive Bedeutung der Arbeit als Lebensunterhalt *und* Lebensqualität bleibt auch in Zukunft erhalten, ja die *Sehnsucht nach Sinnerfüllung im Arbeitsleben* wird eher größer (1981: 36% – 1996: 52%). Mit der Knappheit der Arbeit nimmt auch ihr Lebenswert zu. Allerdings macht ein Vergleich der beiden Erlebnispsychogramme von Arbeit und Freizeit deutlich: *Das Glückserleben in der Freizeit ist fast doppelt so hoch (54%) wie in der Arbeit (28%),* wenn auch die Kluft zwischen der Erlebniswelt Arbeit und der Erlebniswelt Freizeit tendenziell geringer wird.

Daraus folgt: Die Sinnwelt Arbeit und die Sinnwelt Freizeit ergänzen sich in Zukunft wie Familie und Freundeskreis auch. Vor dem Hintergrund einer wachsenden Zahl von Arbeitslosen, geringfügig Beschäftigten und Frührentnern kann die bezahlte Arbeit nicht mehr länger als allein sinnerfüllend angepriesen werden. Gearbeitet wird schließlich nicht nur gegen Geld.

„Nach Feierabend" werden viele unbezahlte Arbeiten erbracht: Hausarbeiten und Do-it-yourself, Kinderbetreuung und Altenpflege sowie ehrenamtliche Tätigkeiten und freiwillige Arbeiten in sozialen Organisationen und Vereinen.

Unternehmen und Unternehmer müssen auf diese *außerberufliche Sinn-Konkurrenz* entsprechend reagieren, also die Arbeit in Zukunft so interessant gestalten, daß sie möglichst nahe an der Freizeit liegt. Andernfalls würde eine Leistungsverlagerung vom Berufs- in das Privatleben drohen, bei dem der Zweitjob den Sonntagsausflug verdrängt oder Schwitzen nur nach Feierabend stattfindet.

Die Begründung hierfür lieferte der ungarisch-amerikanische Psychologe Csikszentmihalyi mit seiner Theorie des Flow-Erlebens. In einen „flow"-Zustand kann man nur geraten, wenn man etwas *freiwillig und mit Freude* tut, also ganz bewußt und hochmotiviert in freudige Erlebnisse regelrecht ‚eintaucht'. In einer solchen Situation verliert man schnell den Sinn für die Zeit und für sich selbst, fühlt sich kompetent und beherrscht die Situation souverän (Csikszentmihalyi 1991, S. 206). So gesehen kann die psychologische Theorie des flow-Erlebens auch für Wirtschaft und Arbeitswelt bedeutungsvoll sein. Die individuellen Anforderungen an flow-Erlebnisse im Leben allgemein und speziell am Arbeitsplatz werden immer höher. Die junge Generation erwartet auch in der Arbeitswelt Freude an der eigenen Aktivität und am eigenen Können. Andernfalls verlagert sie ihre Energien in die „Schöne Neue Welt", die action, fun und happiness gepachtet zu haben scheint.

3. Auflösung des Arbeit-Freizeit-Paradigmas

Schon vor fast einem Vierteljahrhundert hat der Autor eine „Neubewertung von ‚Arbeit' und ‚Freizeit' gefordert. Die Polarisierung von Arbeit und Freizeit

* vom protestantisch-frühkapitalisischen Geiste geprägt,
* die sozialen Kämpfe des 19. Jahrhunderts widerspiegelnd und
* für die Lebensordnung der Kriegs- und Nachkriegsgeneration von existentieller Bedeutung

könne bis zum Jahr 2000 nicht mehr prägend sein. Das überholte Gegensatzpaar Arbeitszeit/Freizeit müsse in ein ganzheitliches Modell „Lebenszeit" einmünden. Die alten Begriffe Arbeit und Freizeit entsprächen nicht mehr der gesellschaftlichen Realität. Mit der Auflösung des Arbeit-Freizeit-Paradigmas bzw. des Tagesdualismus werde der Weg frei für ein neues Lebenskontinuum: das „*Nebeneinander von Arbeiten und Lernen, Erholen und Vergnügen*". Dieser Struktur-und Wertewandel erzwinge auch einen „*neuen Lebenssinn*" (Opaschowski 1974, S. 27 ff.) – jenseits von bloßen ökonomischen Wertvorstellungen.

Ein solcher Arbeit-Freizeit-Paradigmenwechsel kann nicht ohne Folgen und Folgerungen bleiben. 1985 stellte der Autor daher die Forderung auf, es müßten neue Sinnorientierungen gefunden werden, ja eine *neue Gleichgewichtsethik* sei erforderlich, in der es „keine starren Grenzen zwischen Arbeit und Freizeit" mehr gebe und in der ein Leben zwischen Arbeitsethos und Mußeidee möglich werde. Als Lebensentwurf für die Zukunft zeichne sich eine konkrete Problemlösung ab: Die *Werte-Synthese* (Opaschowski 1985, S. 56).

OHNE ARBEIT UND FREIZEIT LEBEN **Eine Zukunftsprognose aus der Sicht von 1982**	
50er und 60er Jahre:	*Beruf/Dauerberuf/"Beruf fürs Leben"* *Zweitberuf/Schwarzarbeit* *Ehrenamtliche Arbeit* (Kirche, Gemeinde, Verein u.a.) *Sinnvolle Freizeitbeschäftigung* (Basteln, Werkeln, Handarbeiten, Musizieren u.a. im Familienkreis)
70er Jahre:	*Berufsarbeit/Erwerbsarbeit/Lebenserwerb* *Zweitjob/Nebenarbeit* *Freizeitbetätigung* (Garten-, Hausarbeit, Heimwerken, Do-it-yourself u.a.) *Hobby* (Sammeln, Angeln, Kegeln u.a.)
80er Jahre:	*Erwerbstätigkeit/Fulltime-Job/Existenzsicherung* *Job-Sharing/Halbtags-Job/Freizeit-Job* *Freiwillige Mitarbeit* (Soziales Engagement und freie Initiativen mit Gleichgesinnten) *Freizeittätigkeit* (Selbermachen, Mitmachen, Nachmachen im Freundeskreis)
90er Jahre:	*Abhängige Beschäftigung/Werktätigkeit/Pflichtarbeit* *Zeitarbeit* (Selbstgewählte Stunden-, Halbtagstätigkeit) *Selbsthilfe* (Selbstorganisierte Arbeit mit und ohne Bezahlung im regionalen und lokalen Bereich) *Nachbarschaftshilfe* (Tätigwerden aus Gefälligkeit bzw. auf Gegenseitigkeit) *Heimarbeiten in freier Zeit* (Selbstproduktion/Produktivität für den Eigenbedarf)
um 2000:	*Fremdarbeit/Institutionalisierte Arbeit in Produktion, Handel und Dienstleistung* *Eigenarbeit/Informelle Arbeit im sekundär-(ehemals alternativ-/sub-)ökonomischen Bereich* *Freie Tätigkeiten/Spielerische Produktivität/Lokales Engagement*
nach 2000:	*Notwendige Tätigkeiten im primär-ökonomischen Bereich* (Möglichkeit der Integration von Arbeits- und Freizeitinteressen) *Frei verfügbare Zeit für Aktivitäten nach Wahl*
	Quelle: H.W. Opaschowski: Ohne Arbeit und Freizeit leben. Perspektive für die Zukunft: Wunschtraum oder Alptraum? In: Zeitschrift ANIMATION (Jan. 1982), S. 4

Die Voraussage für die Zukunft aus der Sicht von 1982: Die Gegensätze von Arbeit und Freizeit lösen sich zusehends auf. Die Arbeits-, Erwerbs- und Vollbeschäftigungsgesellschaft stirbt, aber die Tätigkeits-, Aktivitäts- und Leistungsgesellschaft lebt.

Die Arbeit sei deswegen nicht am Ende. Sie lebe weiter – über die Erwerbstätigkeit hinaus – in neuen Formen, die im herkömmlichen Sinne zwischen Berufs- und Privatleben angesiedelt seien. Als freiwilliges Engagement (und nicht nur abhängige Beschäftigung), als soziale (nicht nur bezahlte) Tätigkeit, als kulturelle (nicht nur vermarktete) Leistung sowie als heim- und handwerkliche Selbstversorgung neben und außerhalb professioneller Arbeit. Auf diese Weise könnten zunehmend mehr bezahlte Dienstleistungen durch *freiwillige Eigenleistungen im Sozial-, Kultur- und Bildungsbereich* entlastet und das eigene Ein- (und Aus-)kommen gesichert werden. So könne es in Zukunft auch mit weniger Erwerbsarbeit möglich sein, dem Leben einen Sinn zu geben – jenseits von Konto und Karriere.

4. Ein neuer Arbeitsbegriff

Auf dem Weg in das 21. Jahrhundert gilt: „Als Arbeit wird in Zukunft jede Tätigkeit zu bezeichnen sein, *die neue gesellschaftliche Werte schafft, die dem Menschen und der Gemeinschaft dient:* Unbezahlte Haushaltsarbeit, Hobby-Arbeit, freiwillige gesellschaftliche Arbeit im Verein, in der Nachbarschaft und Gemeinde und im sozialen Bereich werden solche neuen Arbeitsformen sein“ (Opaschowski 1980, S. 24).

So wird es in Zukunft neben der traditionellen Erwerbs-Arbeit für wenige neue Formen der Lern-Arbeit und Gemeinschafts-Arbeit für viele geben, auch wenn sie nicht im Bruttosozialprodukt ausgewiesen und unbezahlt bleiben. Beide Arbeits-Tätigkeiten stehen dann gleichberechtigt neben der Erwerbs-Arbeit.

Sie können neue Kräfte freisetzen, wenn es gelingt, ihre ebenso produktive wie ökonomische Bedeutung (auch für die Volkswirtschaft) sichtbarer und öffentlicher zu machen. Dann werden die neuen Arbeits-Tätigkeiten auch neue Quellen von Ansehen und sozialer Anerkennung erschließen helfen.

Die Erwerbsarbeit wird weiterhin der Existenzerhaltung dienen. Lern-Arbeit und Gemeinschafts-Arbeit aber können zur Entdeckung und Verwirklichung einer *neuen Produktivität* führen, so daß Arbeit im 21. Jahrhundert wesentlich mehr als Lohnarbeit bedeutet. Es wachsen also die Chancen für eine Aufwertung der Arbeit über die ursprüngliche „arebeit"-Bedeutung als „Mühsal und Plag“ hinaus. Hier ist Dahrendorfs Plädoyer (Dahrendorf 1978) für eine *Umwandlung der Arbeit in freie Tätigkeit* hilfreich und richtungweisend durch die Unterscheidung zwischen

* der traditionellen Erwerbs-Arbeit als dem notwendigen Tun unter dem Zwang des Überlebens und
* der mehr freien Tätigkeit nach weitgehend selbstbestimmten Regeln.

Während die traditionelle Erwerbs-Arbeit nicht selten mit Unlust verbunden war und ist, macht Arbeit als freigewählte Tätigkeit deutlich mehr Spaß, ist mit menschlicher Befriedigung und wesentlich mehr Sinn verbunden. Das erweiterte Arbeitsverständnis ermöglicht das Experimentieren und Erproben von Eigentätigkeiten – vom produktiven Hobby über Do-it-yourself-Arbeiten in Wohnung, Haus und Garten bis hin zur Autoreparatur, von der gemeinsamen Errichtung eines Spielplatzes oder Vereinshauses über freiwillige Arbeiten in Gemeinde und Kirche bis hin zu alternativen Lebensformen in städtischen Wohngemeinschaften oder auf dem Lande.

5. Von der Arbeits- zur Schaffensfreude

Die italienischen Psychologen Fausto Massimini und Antonella delle Fave (Massimini u.a. 1991) interviewten italienische Bauern in den hochgelegenen Bergtälern der Alpen, die von der industriellen Revolution weitgehend verschont geblieben sind. In ihren Interviews kam zum Ausdruck, daß die Bauern ihre Arbeit nicht von ihrer Freizeit unterscheiden konnten. Bei den Interviewern entstand ein doppelter Eindruck: Die Bauern arbeiteten sechzehn Stunden am Tag oder sie arbeiteten überhaupt nicht. Sie melkten Kühe, mähten Wiesen, erzählten ihren Enkeln Geschichten, spielten Akkordeon für Freunde. Und auf die Frage, was sie denn gern tun würden, wenn sie mehr Zeit zur Verfügung hätten, kam die Antwort: Kühe melken, Wiesen mähen, Geschichten erzählen, Akkordeon spielen ... Für ihr ganzes Leben galt und gilt eigentlich nur ein Grundsatz: „Ich tue, was ich will". Das Leben, auch das Arbeitsleben, bot und bietet ständig und gleichermaßen Herausforderungen dafür.

Ob Almbauer oder Schweißer, Chirurg oder Forscher, Jogger, Rot-Kreuz-Helfer oder Vereinsfunktionär – sie alle sind getragen oder beflügelt von einer persönlichen Schaffensfreude und Leistungslust, hochkonzentriert und motiviert. Dieses von dem ungarisch-amerikanischen Sozialforscher Mihalyi Csikszentmihalyi als flow bezeichnete Glücksempfinden bezieht sich dabei fast immer auf *Situationen mit Herausforderungscharakter*, in denen Aktivitäten gefordert werden, für die man besondere Geschicklichkeit braucht – beispielsweise,

* wenn sich ein Segler auf dem richtigen Kurs fühlt, der Wind durch das Haar streift und das Boot durch die Wellen schnellt oder
* was ein Maler fühlt, wenn die Farben vor seinem Auge Gestalt annehmen.

Dieses Glücksempfinden umschreibt ein freudiges Gefühl in einer Mischung aus Aktivität und Kreativität. Genau dieser *Herausforderungscharakter geht in der modernen Arbeit zunehmend verloren.* Fast zwei Drittel der Leitenden Angestellten (61%) können sich heute noch in ihrer Arbeit Herausforderungen stellen; bei den Arbeitern (36%) und Angestellten (38%) hingegen empfindet nur noch eine Minderheit die Arbeit als persönliche Herausforderung. Physische Arbeitslast und psychische Arbeitslust bleiben bei ihnen gleichermaßen auf der Strecke. Mehrfachqualifikationen werden zu wenig gefordert. Und so müssen sie sich ihre Herausforderungen immer mehr und ersatzweise im arbeitsfreien Teil des Lebens suchen.

6. Wandel des Leistungsverständnisses

Mitte der achtziger Jahre fand in Hamburg eine Konferenz von Politikern, Managern und Wissenschaftlern statt, die sich mit den Folgen des Werte- und Bewußtseinswandels in der Einstellung der Menschen zu Arbeit und Beruf auseinandersetzte. Die dort gefundenen Antworten sollten die Entwicklung von Wirtschaft und Gesellschaft nachhaltig beeinflussen. Kontrovers wurden die Zukunftsperspektiven eingeschätzt. Im Rahmen der Fachdiskussion stellte der Autor folgende These auf: „*Eine neue Leistungsqualität entsteht*: Die eigenmotivierte Leistung als freiwillige Anstrengung und sinnvolles Tun. Das Leistungsprinzip (von außen) wird durch die Leistungsmotivation (von innen) ersetzt. Neue Leistungsbereitschaften und Leistungsreserven künden sich an. *Leistung hat Zukunft.* Nicht eine Bedeutungseinbuße, sondern eine Bedeutungserweiterung ist zu erwarten."

Das offizielle Konferenz-Protokoll hielt seinerzeit wörtlich fest: „In einer gemeinsamen Diskussion der Referate von Professor Opaschowski und Professor Strümpel entwickelte sich eine Kontroverse zwischen den beiden Referaten über Kontinuität bzw. Veränderungen in der allgemeinen Leistungsmotivation. Während Professor Strümpel von einer ‚ökonomischen Abrüstung' bei Teilen der Bevölkerung sprach, vertrat Professor Opaschowski die Ansicht, daß sich lediglich die Qualität des Leistungsbegriffs verändert habe; von ‚ökonomischer Abrüstung' oder gar einer ‚freizeitorientierten Schonhaltung' am Arbeitsplatz könne keine Rede sein ... Wenn eine *veränderte Definition von Leistung* zugrundegelegt wird, kann von einer Erosion der Leistungsmotivation keine Rede sein. Professor Opaschowski leitete daraus die Notwendigkeit ab, die vorhandenen – wenn auch zum Teil brachliegenden – gesellschaftlichen Leistungsreserven zu mobilisieren. Geeignete Leistungsanreize sah er in einer besseren Abstimmung von Arbeit und Privatleben" (IWG 1985, S. 82).

WANDEL DES LEISTUNGSBEGRIFFS Von der Bedeutungsverengung zur Bedeutungserweiterung Die Prognose in den 80er Jahren	
Traditionell dominante Aspekte der Leistung	*In Zukunft gleichwertige Aspekte der Leistung*
* Gefolgschaft leisten * Pflicht leisten * Verzicht leisten * Buße leisten * Arbeit leisten * Gehorsam leisten * Bürgschaft leisten * Eid leisten * Zahlung leisten * u.a.	* Produktives leisten * Kreatives leisten * Innovatives leisten * Soziale Dienste leisten * Praktische Hilfe leisten * Widerstand leisten * Freiwillige Engagements leisten * Sich Freiheiten leisten u.a.
Quelle: H.W. Opaschowski: Folgen des Wertewandels: Lebensorientierungen zwischen Arbeitsethos und Mußeidee a.a.O. (1985), S. 54	

Genau in dieser Situation befinden wir uns heute an der Schwelle zum 21. Jahrhundert. Aus der Sicht der Bevölkerung hat mittlerweile die „Leistungsgesellschaft" (60%) an Bedeutung die „Arbeitsgesellschaft" (24%) und die „Freizeitgesellschaft" (24%) bei weitem übertroffen.

7. Leistung als Credo des 21. Jahrhunderts

Leistung stellt in Zukunft die neue Brücke zwischen Arbeit und Freizeit (Muße), zwischen Berufs- und Privatleben dar, eine Art (Ver-)Mittler zwischen zwei traditionellen Gegenwelten. Die größten strukturellen Ähnlichkeiten mit dem Leistungssystem Arbeit weisen verständlicherweise Sport und Do-it-yourself auf – zwei Lebensbereiche, in denen die mehr selbstbestimmte *Eigenleistung* dominiert – ganz im Gegensatz zur Fremdleistung in Arbeit und Schule. Eine mittlere Position zwischen freiwilliger und notwendiger Leistung nehmen sicher auch das soziale Engagement, das Ehrenamt und die Freiwilligenarbeit ein.
Leistung hat immer zwei Gesichter:

* Fleiß und Anstrengung auf der einen,
* Erfolg und Anerkennung auf der anderen Seite.

Das eine ist nicht ohne das andere zu haben.

Für die persönliche Leistungsmotivation sind Selbstbestätigung und Anerkennung durch andere fundamental: Hinter manchem Mangel an Leistungsmotivation verbirgt sich nicht selten ein Mangel an Anerkennung.

Leistung ist zunächst einmal Fleiß (81%), weshalb der Erfolg (77%) meist nicht lange auf sich warten läßt (B.A.T Institut 1987, S. 10). Zur Leistung will man in der Regel nicht gezwungen werden. Die meisten setzen sich ihre Leistungsnormen selbst („Ich bringe die Leistung nicht für den Verein, sondern für mich"). Erfolg bedeutet dabei in erster Linie *persönliches Erfolgserleben:* „Man ist befriedigt hinterher, wenn man etwas geleistet hat." Zunächst einmal klopft man sich selbst auf die Schulter. Und mit dem Erfolg läßt auch der Spaß nicht lange auf sich warten: „Ich versuche immer, der Beste zu sein. Sonst habe ich keinen Spaß daran." Wer auf der Verliererseite steht, verliert – verständlicherweise – auch schnell den Spaß daran.

MEHR FLEISS ALS SPASS

Assoziationen zur Leistung

Frage: „Und welche persönlichen Vorstellungen verbinden Sie am ehesten mit dem Wort 'Leistung'? Ich habe hier eine Liste, die Ihnen bei der Beantwortung der Frage helfen kann. Sie können bis zu fünf Wörter aussuchen."

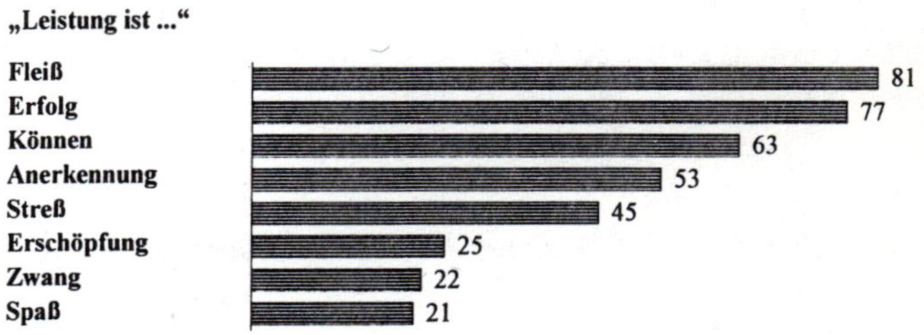

Basis: Repräsentativbefragung von 2.000 Personen ab 14 Jahren im April 1987 in Westdeutschland

B·A·T Freizeit-Forschungsinstitut

Mit dem Wort „Leistung“ verbinden einige Bevölkerungsgruppen ganz unterschiedliche Vorstellungen:

* Den *Fleiß*-Charakter der Leistung betonen vor allem die Bewohner auf dem Lande, die Rentner und die Volksschulabsolventen.
* Auf den *Erfolgs*-Charakter der Leistung verweisen insbesondere die Männer, die Bezieher von Einkommen über 5.000,-- DM und die Hochschulabsolventen.
* Daß Leistung mit *Können* verbunden ist, heben am stärksten die über 55-jährigen, am wenigsten die 14- bis 17jährigen hervor.
* Einen direkten Zusammenhang zwischen Leistung und *Anerkennung* sehen die Arbeitslosen deutlich mehr als der Durchschnitt der Bevölkerung.
* Und insbesondere für Schüler bedeutet Leistung erst einmal *Streß* (gemeint ist sicher schulischer Streß).

Deutliche Unterschiede sind auch zwischen den Generationen festzustellen:

* Die ältere Generation glaubt vor allem an Fleiß und Können als Grundlage jeder Leistung.
* Die jüngere Generation ist vom Erfolg der eigenen Leistung ebenso überzeugt wie von der Anerkennung durch andere.

In die Zukunft projiziert bedeutet dies:

Je weniger Leistungs-Nachweise in der Erwerbswelt möglich sind, desto wichtiger wird es, sich selbst in Leistungen jenseits des Erwerbs zu bestätigen.

Denn: *Der menschliche Leistungsdrang bleibt ungebrochen.* Der Wille zur Leistung scheint uns buchstäblich in die Wiege gelegt worden zu sein (vgl. Ernst 1996). Leistungslust und Lebenslust werden auch im 21. Jahrhundert zusammengehören.

8. Chancen und Risiken einer neuen Leistungskultur

An die Stelle der alten Arbeitskultur tritt dann zunehmend eine *neue Leistungskultur*. Jahrzehntelang daran gewöhnt, Leistungen nur daran zu messen, ob sie beruflich verwertbar sind oder sich in barer Münze auszahlen, entwickeln sich nun *neue Leistungsmotivationen*, die sich vorwiegend in individuellen und sozialen Erfolgserlebnissen verwirklichen lassen. Damit können auch humane und soziale Leistungen im zwischenmenschlichen Bereich wieder stärker zum Zuge kommen wie z.B. Rücksichtnahme und Hilfsbereitschaft. Die Leistungsmotivation bleibt also ungebrochen. Ein Rückgang von Leistungsbereitschaft wäre nur dann zu erwarten, wenn die Anforderungen von der Sinnfrage abgekoppelt würden und die Frage „Leistung – wofür?“ unbeantwortet bliebe.

LEISTUNG – WOFÜR?

Das Leben als Herausforderung
Die Wirklichkeit in den 90er Jahren

... in Arbeit und Beruf(ung)
"Engagiertes Zupacken ist für mich Leistung"
WENDELIN WIEDEKING (Porsche-Chef)
"Leistung bedeutet für mich, großes Stehvermögen aufzubringen und Ziele trotz widriger Umstände zu erreichen – vor allem dann, wenn es darum geht, neue Ideen durchzusetzen"
ULF MERBOLD (Astronaut)

... im Sport
"Leistung heißt für mich, die eigenen Grenzen zu erreichen. Leistung kann man sich erarbeiten und durch Arbeit und Training steigern. Leistung macht Spaß"
FRANK BUSEMANN (Zehnkämpfer)
"Beständigkeit und Konzentrationskraft. Dauerhaft so gut bleiben, daß alle Kraft auf Abruf auf einen Punkt zu konzentrieren ist"
KATARINA WITT (Eisläuferin)

... in der Kultur
"Leistung ist eine subjektive Angelegenheit, die Bewertung kommt immer von mir selbst"
DIETER HILDEBRANDT (Kabarettist)
"Leistung ist für mich, daß ich das, was mir an Veranlagung mitgegeben wurde – Schreiben und Zeichnen – umsetze und bis aufs Äußerste ausreize, wobei ich oft an die Grenzen stoße"
GÜNTER GRASS (Schriftsteller)

... im sozialen Engagement
"Gut Fußballspielen und anderen helfen"
MATTHIAS FISCHER (Schüler, 15, rettete einen Fünfjährigen vor dem Ertrinken)
"Für andere da zu sein, ohne mich dabei selbst zu vergessen"
MARION KUTZNER (Krankenschwester in einem Sterbehospiz)

... im Lebensalltag
"Eine von Erfolg gekrönte Anstrengung: ein gut zubereitetes Essen, ein gepflegter Garten, eine gelungene Radiomoderation"
MARIA JEPSEN (Bischöfin in Hamburg)
"Wenn man im Alter alles tut, um geistig und körperlich fit zu bleiben"
HERTA BEYER (80 Jahre)

Eigene Zusammenstellung nach HEIKO ERNST:
Lebensziel: Leistung (STERN vom 2. Oktober 1996)

Die in der neuen Leistungskultur vorherrschenden Prinzipien

* Freiheit und Selbstbestimmung,
* Spaß am Tun und an einer Aufgabe,
* Lust am Leben und am Schaffen,
* Suche nach Grenz- und Erfolgserlebnissen,
* Begeisterung für Ideen und Ideale,
* Freude am Helfen und durch Hilfsbereitschaft,
* Stolz auf die Anerkennung durch andere

werden langfristig das gesellschaftliche Leistungsbewußtsein verändern. Die mehr ökonomisch begründete Verpflichtung zum meß- und verwertbaren *Leistungsergebnis* wird ergänzt durch das mehr eigenmotivierte *Leistungserlebnis*.

BRÜCKE ZWISCHEN BERUFS- UND PRIVATLEBEN

Stellenwert der Leistung

Frage: „Hier habe ich acht Begriffe, die etwas mit Leistung zu tun haben können. Sagen Sie mir Bitte mit Hilfe dieser Skala die von 1= 'hat nichts mit Leistung zu tun 'bis 5= 'hat sehr viel mit Leistung zu tun' reicht, wie Sie persönlich diese Begriffe im Hinblick auf Leistung einschätzen. Mit den Werten dazwischen können Sie Ihre Meinung abstufen.

Zusammenfassung der Höchstwerte 4 und 5
(„hat viel bzw. sehr viel mit Leistung zu tun“):

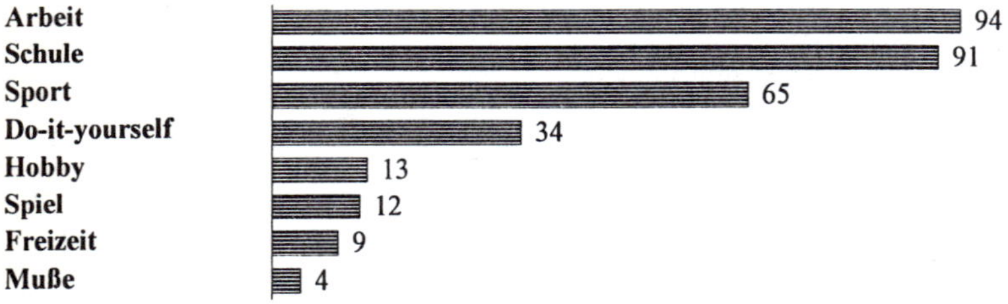

Basis: Repräsentativbefragung von 2.000 Personen ab 14 Jahren im April 1987 in Westdeutschland

B·A·T Freizeit-Forschungsinstitut

Einen eigenen Lebensstil entwickeln und kultvieren, soziale Kontakte und Beziehungen ausbauen, sich produktiv betätigen, praktische Nachbarschaftshilfe leisten, an der Verbesserung und Gestaltung des Wohnumfelds mitwirken, eigene Lebensziele verwirklichen, soziale Aufgaben wahrnehmen, sich einer Initiative anschließen, einen Verein gründen – dies alles sind Initiativen, die

* einerseits mit persönlicher Selbstdarstellung verbunden sind und soziale Anerkennung ermöglichen und
* andererseits Erlebnisqualitäten beinhalten und das persönliche Wohlbefinden fördern helfen.

Auf dem Wege zu einer neuen Leistungskultur, in der die Eigen-Leistung als Merkmal schöpferischer Selbstbestimmung mehr im Mittelpunkt steht, muß über das traditionelle Begriffsumfeld *Leistung/Leistungsprinzip/Leistungsgesellschaft* neu nachgedacht werden. Die Leistungsdiskussion, die sich jahrzehntelang fast nur im ökonomischen Fahrwasser bewegte, muß um humane und soziale Dimensionen erweitert werden. Die neue Leistungskultur kommt dann in Zukunft ohne das „Zwangsmoment" (Mitscherlich 1973) und ohne Leistungsdruck aus.

Gleichwertig neben bezahlten Arbeitsleistungen werden unbezahlte Eigen- und Gemeinschaftsleistungen treten, die auf hoher Motivation basieren und durch Erfolge und Erfolgserlebnisse honoriert werden. Die *Hoffnung auf Erfolg* (vgl. Heckhausen 1974 und 1980) stellt die eigentliche Antriebskraft für die neue Leistungskultur dar. „Der Mensch lebt eben nicht vom Brot allein" (Lenk 1983, S. 61) – er benötigt weiterführende sinngebende Ziele. Soziale, sportliche, kulturelle und künstlerische Leistungen vermögen solche Lebensziele zu bilden. Die künftige Leistungsgesellschaft lebt von einem veränderten Leistungsprinzip, das mit dem Lustprinzip unmittelbar verbunden ist: Das Ergebnis ist eine neue Leistungslust.

Der Leistungsgesellschaft geht zwar die Arbeit aus, nicht aber die Lust an der erlebbaren Leistung. Eigenleistungen vermitteln mehr Selbstbestätigung, Gemeinschaftsleistungen mehr Lebenssinn.

Das veränderte Leistungsprinzip jenseits der Erwerbsnotwendigkeit lebt also gleichermaßen im *Eigenleistungsprinzip* und im *Gemeinschaftsleistungsprinzip* weiter. Dies sind die Bausteine einer „positiven Leistungskultur" (Lenk 1983), die ökonomisch notwendige Zwangsleistungen in der Erwerbsarbeit um freiwillige Human- und Sozialleistungen ergänzt und erweitert.

Wir entwickeln uns zu einer neuen Leistungsgesellschaft, die auch die jüngere Generation voll bejaht. Wenn Leistung nicht nur als Ergebnis (von anderen!) gemessen, sondern auch als Erlebnis (selbst!) erfahren werden kann, kommt es nicht zum Bedeutungsverlust, sondern zur Bedeutungserweiterung der Leistung. Leistungsstarke können Leistungsschwache unterstützen.

Leistung hat Zukunft, weil Leistung Glück und Erfüllung im Tun ist.

Mit der neuen erweiterten Leistungskultur stirbt keineswegs das traditionelle Leistungsverständnis aus. In Schule, Ausbildung und Beruf müssen auch in Zukunft Leistungen mitunter hart erarbeitet und verdient werden – auch mit gelegentlicher Unlust oder partiellem Zwang. Mit dem Begriff „Leistung" verbinden die meisten Menschen nach wie vor zuerst „Fleiß" (81%) und zuallerletzt „Spaß" (21%). Die neuen Leistungsqualitäten – jenseits von Notengebung oder Geldverdienen – kommen in Zukunft *zusätzlich* hinzu, sorgen nicht nur für den notwendigen Ausgleich, sondern stärken auch das Selbstwertgefühl. Leistung wird zu einer subjektiven Angelegenheit, „die Bewertung kommt immer von mir selbst" (D. Hildebrandt). Man leistet etwas für sich selbst. Insofern macht Leistung Spaß (F. Busemann). Man sucht sich Herausforderungen, die man für sich und manchmal auch gegen sich selbst besteht.

Wer freiwillig Risiko, Wagemut, Anstrengung oder gar Qual auf sich nimmt, beweist doch, daß er mit einigen der eigenen Ängste fertig wird und das Leben als Herausforderung annimmt.

Die neue Leistungskultur jenseits des Erwerbs kann z.B. bei arbeitslosen Jugendlichen oder zwangsweise ‚freigesetzten' Vorruheständlern heute noch verhindern, daß sie morgen in Resignation oder Depression, Aggression oder Drogenkonsum abgleiten.

Auch weiße Wolken werfen Schatten: Die neue Leistungsgesellschaft kann für die individuelle Lebensqualität und für das soziale Zusammenleben der Menschen eine große Zukunftschance sein – birgt aber auch erhebliche Risiken:

* Müssen wir vielleicht in Zukunft permanent Leistung demonstrieren, so daß der gesellschaftliche Erwartungsdruck „Haben Sie heute schon etwas geleistet?" zwar nicht so massiv wie der traditionelle Leistungszwang erscheint, dafür aber umso subtiler, also bedrückender wirkt?

* Heißt es schon bald: Leistung rund um die Uhr ist nicht nur erwünscht, sondern geradezu vorgeschrieben? Lebensgenuß ja – aber immer verbunden mit dem Nachweis, den Genuß auch „verdient“ zu haben?
* Haben wir in Zukunft geradezu eine Pflicht zum privaten Glück im Sinne von vorher erbrachter Leistung?

Diese Problematisierung heißt nicht, das Bedürfnis des Menschen, von Kindheit an etwas leisten und sich mit anderen messen zu wollen, infragezustellen. Andererseits ist es nur realistisch:

> **Bei jedem ernsthaften Leistungsvergleich muß es Gewinner und Verlierer geben. Insofern kann auch eine humane Leistungsgesellschaft inhumane Züge tragen.**

Welche Chancen haben in Zukunft eigentlich die Menschen, die nicht so flexibel und souverän, nicht so selbständig und selbstbewußt, nicht so leistungsorientiert und erfolgshungrig sind? Müssen sie nicht selbst erst einmal angespornt und geleitet werden?

> **Die Gefahr besteht durchaus, daß die Leistungsgesellschaft der Zukunft eine Gesellschaft der Starken sein kann, die dann die Schwächeren doppelt benachteiligt – beruflich und privat.**

Doppelte Benachteiligung heißt:

Erstens: Im Wettbewerb um einen sicheren Arbeitsplatz und im Kampf um den beruflichen Aufstieg drohen die Schwächeren auf der Strecke zu bleiben.

Zweitens: Im außer- und nachberuflichen Leistungswettbewerb mangelt es ihnen an Selbstvertrauen, Kontakt- und Konfliktfähigkeit, so daß andere wiederum das Rennen machen und sie bei der Vergabe verantwortungsvoller Aufgaben, Ämter und „Pöstchen“ in Verein, Kirche, Partei oder sozialer Organisation das Nachsehen haben.

> **Die neue Leistungsgesellschaft muß also ihre Probe auf die Menschlichkeit erst noch bestehen, indem sie auch die zu ihrem Recht kommen läßt, die es selber nicht fordern können.**

Eine Leistungsgesellschaft darf sich zu ihren Schwächsten nicht unsozial verhalten. Sie darf nicht zulassen, daß die Starken immer nur die Schwachen verdrängen oder gar zu Versagern degradieren. Hier sind in besonderer Weise Kirchen und Wohlfahrtsverbände aufgerufen, für eine *neue soziale Leistungsgesellschaft* zu sorgen, die nicht nur die materielle Absicherung im Blick hat, sondern auch für eine gerechte Verteilung der Lebenschancen Sorge trägt.

9. Das puritanische Erbe überlebt sich

Schon in den siebziger Jahren sagte der amerikanische Psychologe Tibor Scitovsky ein Ende des puritanischen Erbes voraus: Die Puritaner als eine ernste und fleißige Generation, die alle Genüsse verachtete und in der festen Überzeugung lebte, daß harte Arbeit vom Himmel mit Wohlgefallen betrachtet werde, hätten keine Zukunft mehr. Das überhöhte gesellschaftliche Ansehen, das allen Dingen und Tätigkeiten zugute kam, die mit der Produktion und dem Geldverdienen zu tun hatten, würde infragegestellt (Scitovsky 1976).

Nach der protestantisch-industriellen Berufsethik, insbesondere ihren Ausprägungen des Calivinismus und Puritanismus, dominierte der *Ernst des Lebens: Das Individuum wurde in Pflicht genommen*. Die ganze Lebensführung war Prinzipien der Nutzenausrichtung unterworfen. Nicht systematisch genutzte bzw. ausgenutzte Zeit galt als Zeitverschwendung. So war zwar der „Leib von der Kette emanzipiert", aber gleichzeitig das „Herz in Ketten gelegt" (Karl Marx). In diesem Wertesystem herrschten Pflichtbewußtsein und Anstrengung, Leistungsdruck und Erfolgszwang, Lebensreglementierung und soziale Kontrolle vor. Davon ausgespart blieb weitgehend das jeweilige Pendant (z.B. Freiheit) – es wurde einfach zur Privatsache erklärt. Die Folge: Den gesellschaftlichen Wertekonflikt erlebte das Individuum als psychosoziales Problem. Es litt unter Gegenwelten, die eigentlich zusammengehörten. So standen sich mitunter unverbunden oder unversöhnlich gegenüber

* Pflicht und Neigung (*Schiller*)
* Reich der Notwendigkeit und Reich der Freiheit (*Marx*)
* homo faber und homo ludens (*Huizinga*).

Das puritanische Erbe, der Geist der protestantischen Pflichterfüllung, das calvinistische Erwerbsstreben und die industrielle Arbeitsgesinnung als pflichtgemäße Leistung hatten zwei folgenreiche Auswirkungen:

1. *Geringes Ansehen nichterwerbstätiger Bevölkerungsgruppen*, z.B. geringe gesellschaftliche Anerkennung der Hausarbeit (Hausfrau), des Ler-

nens (Schüler/Student) und der Nichtarbeit (Rentner) bei hoher Bewertung des Geldverdienens: Die Einkommenshöhe galt als Gradmesser für gesellschaftliche Nützlichkeit.

2. *Vernachlässigung nichtmonetärer/immaterieller Werte* (z.B. Spiel, schöpferisches Selbsttun, Nachbarschaftshilfe, Umweltschutz).

Als Problemlösung bietet sich für die Zukunft an: Rückbesinnung auf die (verdrängte) griechisch-aristotelische Idee der Muße und Versuch einer Verbindung mit den Ideen und Werten der protestantischen Berufsethik. Konkret bedeutet dies: Eine Wertesynthese im positiv erlebten Spannungsfeld von Pflicht *und* Neigung, Produktion *und* Konsumtion, Geldverdienen *und* Geldausgeben, Leistung *und* Lebensgenuß. An die Stelle der Berufsethik tritt dann eine neue Gleichgewichtsethik des Lebens, in der Leistung und Lebensgenuß wieder aufeinander bezogen und nicht gegeneinander ausgespielt werden.

Zugleich entsteht eine *neue Konsummoral*. Der Verbraucher von morgen wird in seinem Verhalten zunehmend durch eine romantische Konsumethik geprägt, in der der Genuß eine tragende Säule ist. Insofern zeichnet sich für die Zukunft eine Verbraucher-Revolution ab, in der neben Nützlichkeit und Notwendigkeit auch Vergnügen und Genuß einen eigenen, gleichwertigen Stellenwert bekommen. Dies erklärt beispielsweise, warum mindestens genausoviel Autos zum eigenen Vergnügen und nicht nur aus Notwendigkeit gekauft werden.

Die ehemals protestantische und die neue romantische Ethik („Romantic Ethic"/Campbell 1987) gehen eine Vernunftehe ein, d.h. der Verbraucher von morgen lebt in der *Spannung zwischen Lebensnotwendigkeit und Illusionierung des Lebens*. Diese Spannung zwischen zwei kulturellen Traditionen gleicht einem Tanz auf dem heißen Vulkan. Im täglichen Leben muß jeder Verbraucher seine ganz persönliche Abstimmung treffen. Der Verbraucher von morgen wohnt und lebt in zwei Gebäuden: Im eisernen Käfig („iron cage“) der wirtschaftlichen Notwendigkeit und im luxuriösen Schloß romantischer Träume und Genüsse.

Vielleicht erleben wir in Zukunft einen *Wandel von der Geldkultur zur Zeitkultur*, in der nicht mehr der „homo oeconomicus“ und das Primat des Gelderwerbs den Ton angeben. In der neuen Zeitkultur wird das Zeitbudget genauso wichtig wie das Geldbudget: In Zukunft könnten mehr Zeit zum und mehr Freude am Leben auch mehr Lebensqualität bedeuten.

III. Die Arbeitswelten der Zukunft. Leistungs- und Solidarisierungspotentiale

1. Die Arbeit hat viele Gesichter: Zwischen Erwerbstätigkeit und Gemeinnützigkeit

Xenophon ließ in seinen „Memorabilien" Antiphon zu Sokrates sagen: „Wenn jemand zu dir kommt und sich von dir beraten läßt, verlangst du kein Geld von ihm. Du bist kein Weiser, denn deine Worte haben keinen Wert." Sokrates erbrachte unbezahlte Dienstleistungen, die dem professionellen Sophisten wertlos erscheinen mußten. Was nichts kostete, war auch nichts wert – dies ist bis heute so geblieben. Unter dem *Manko des Nichtmonetären* leiden vor allem die Nichterwerbstätigen. Was ist ihre erwerbslose Zeit schon wert? Das Bruttosozialprodukt wird auch ohne sie erwirtschaftet:

* Sie arbeiten, aber stehen nicht im Dienst ökonomischer Verwertbarkeit.
* Sie sind produktiv, aber nicht erwerbstätig.
* Aus ihrer Tätigkeit erwächst ein hoher Ertrag an persönlicher Leistungsmotivation, der unbezahlbar ist.
* Sie schaffen menschliche Beziehungen und Werte, die nicht käuflich sind.
* Sie produzieren Humankapital, aber leisten vielfach Schattenarbeit.

Margret Mead hatte sicher Recht, wenn sie die Auffassung vertrat, daß Muße entweder durch Arbeit oder durch „gute Werke" verdient werden müßte (Mead 1958, S. 10ff.). In Zukunft wird es immer schwieriger, die materielle Verdienst-Komponente in Anspruch zu nehmen. Hier kommt die Familien- und Gesellschafts-Arbeit zu Hilfe: *Sie können im Einzelfall zum moralischen Ersatz für Erwerbs-Arbeit werden.*

Solange Menschen auf dieser Erde leben, wird es das Schlaraffenland nicht geben. Eher gilt: Das Schlaraffenland ist abgebrannt. Es bleibt Wunschbild oder Illusion, weil weder der Einzelne noch die Gesellschaft auf Arbeit verzichten können.

ARBEITSWELTEN DER ZUKUNFT
Die Arbeit hat viele Gesichter: Zwischen Erwerbstätigkeit und Gemeinnützigkeit
Erwerbs-Arbeit
Lern-Arbeit
Gemeinschafts-Arbeit
Produktion
• Nacht-, Schicht-, Wochenend-arbeit
• Neue Arbeitszeit-modelle (Teilzeitarbeit, Job-sharing, Jobs auf Zeit, Berufs-wechsel)
• Arbeitnehmer als Teilhaber (Beleg-schaftsaktien)
• Neben-, Zweit-jobs
Dienstleistung
• Vorsorge-, Ge-sundheits-, Sicher-heitsdienste
• Telearbeit, Arbeit im globalen Netz
• Neue Tätigkeits-felder (Tourismus, Medien, Kultur, Sport, Unter-haltung)
• Neue Selbständig-keit (Existenz-gründung)
• Virtuelle Unter-nehmen
Allgemeine Bildungs-Arbeit
• Persönlichkeits-entwicklung und Identitätsfindung („life-long-learning")
• Qualifizierung für ehrenamtliche Arbeit und Gesellschafts-Arbeit („Service-learning")
Berufliche Bildungs-Arbeit
• Qualifizierung für Erwerbs - Arbeit und multiple Beschäftigungs-verhältnisse („Learning by the job")
• Qualifizierung für Neue Selb-ständigkeit („Learning-by-doing")
Familien-Arbeit
• Kindererziehung
• Haushaltsarbeit
• Do-it yourself / Selbstversorgung
• Plege der Alten
• Ersatzfamilien-Netzwerke
• Neue Formen der „Familien"-Arbeit
Gesellschafts-Arbeit
• Ehrenamtliche Arbeit
• Nachbarschafts-hilfe
• Bürger-, Zivilarbeit (Kommunitaris-mus)
• Soziales Voluntariat („Volunteers")
• Politisches Engagement
• Neue Selbstorga-nisationsformen (Selbsthilfe)
Multiple Beschäftigungsverhältnisse
Lebensbegleitendes Lernen
Freiwilligenarbeit

Wohlstand und Wohlbefinden müssen auch in Zukunft erst einmal erarbeitet und verdient werden. Was aber passiert mit denen, die vom erwerbsmäßigen Erarbeiten und Verdienen ausgeschlossen werden?

Wenn in Zukunft die Mehrheit der Bevölkerung noch nicht, nicht mehr oder nie mehr im Erwerbsprozeß steht, kann auch Erwerbs-Arbeit nicht mehr alleiniger Lebenssinn oder Lebensinhalt sein.

Es ist daher geradezu lebensnotwendig, die Sinnorientierung auf menschliche Tätigkeiten zu richten, die in einem Sinnzusammenhang mit arbeitsähnlichem Charakter stehen und dem beruflichen Erfolgserleben relativ nahekommen. *Sinnerfüllte Tätigkeiten im sozialen Bereich* können Erwerbs-Arbeit nie ersetzen, wohl aber den Verlust von Erwerbs-Arbeit ausgleichen helfen. Jeder Mensch braucht eine Aufgabe. Das Gefühl, gebraucht zu werden, zählt mehr als Geldverdienen. Etwas Sinnvolles für sich und etwas Nützliches für die Gemeinschaft zu tun, verdient gesellschaftliche Anerkennung.

Wenn die Erwerbs-Arbeit ihre zentrale Bedeutung und ihren Mythos verliert und in den Betrieben über wachsenden Motivationsverlust geklagt wird, so ist das psychologisch gesehen eine Art Selbstschutz, eine natürliche Reaktion auf die Unsicherheit am Arbeitsmarkt – aus Angst vor einer zu starken Identifikation, die bei plötzlichem Arbeitsplatzverlust kaum verkraftet werden könnte. Das seelische Gleichgewicht wäre gestört, die ökonomische und psychische Grundlage der eigenen Existenz in Frage gestellt. Durch *Engagements im sozialen Bereich* können sich viele ein zweites Standbein schaffen und ein neues Gleichgewicht finden.

Zur Erwerbs-Arbeit gesellen sich in Zukunft zunehmend unentgeltliche Gemeinschafts-Arbeiten: Darunter sind Familien- und Gesellschaftsleistungen zu verstehen, sogenannte Non-profit-Beschäftigungen für den Eigenbedarf, aus Gefälligkeit oder auf Gegenseitigkeit.

Hier geht es weder um Gelderwerb noch um Gewinnerzielung. Wer also sein Zimmer tapeziert, das Haus in Ordnung hält, den Garten pflegt, dem Nachbarn bei der Reparatur eines Zaunes hilft, Babysitterdienste aus Gefälligkeit übernimmt, beim Bau eines Vereinsheimes mitarbeitet oder freiwillig Aufgaben in Organisationen und sozialen Diensten erledigt, der leistet Gemeinschafts-Arbeit.

Es ist bereits heute absehbar: Mit dem drastischen Rückgang der Erwerbstätigenquote wird *das soziale Sicherungssystem in seinen Grundfesten erschüttert.* Immer weniger Arbeitsleistungen stehen immer mehr Sozialleistungen gegenüber. Durch Erwerbs-Arbeit lassen sich auf Dauer die notwendigen sozialen Leistungen nicht mehr finanzieren. Sie müssen zunehmend durch unbezahlte freiwillige Gemeinschaftsleistungen ersetzt werden. Andererseits: Mit den Einsparungen bzw. Kompensationsleistungen allein ist es nicht getan. Die Frage kommt zwangsläufig auf:

Wovon sollen denn freiwillige Gemeinschafts-Arbeiter leben? Wer sichert ihr Existenzminimum? Hier kommen Politik und Wirtschaft an einer ernsthaften Diskussion und Entscheidung über die Entkoppelung von Erwerbs-Arbeit und sozialer Sicherung nicht vorbei.

In Deutschland wird die Diskussion darüber seit Anfang der achtziger Jahre geführt – mit unterschiedlichen Terminologien: „Grundeinkommen", „Bürgergehalt", „Bürgergeld", „Sozialdividende", „negative Einkommenssteuer", „Transferzahlung" u.a. Im Unterschied zum positiven Steuersystem, bei dem das Einkommen versteuert wird, meint negative Einkommenssteuer die *Leistung einer Transferzahlung für Personen ohne Erwerbseinkommen.*
Die Zahlung eines solchen Bürgergelds soll eine Antwort auf die *Krise des Sozialstaats* sein: Bisher erhalten ja z.B. nur diejenigen eine Arbeitslosenunterstützung, die vorher berufstätig waren.

Was aber passiert, wenn in Zukunft manche Jugendliche den Einstieg in das Beschäftigungssystem gar nicht erst schaffen? Führt sie dann nicht der Weg direkt in die Armut bzw. zum Gang in das Sozialamt?

Mit der vom Finanzamt ausgezahlten Transferleistung könnte einer sich sozial verschärfenden *Spaltung der Gesellschaft* entgegengewirkt werden (vgl. Schmid 1984, Kress 1994) – immer vorausgesetzt, daß die Bürgergeld-Empfänger auch eine Gegenleistung erbringen, um ihre Selbstverantwortung zu erhalten. Dazu würden vor allem gemeinnützige Tätigkeiten im „öko-sozial-kulturellen" Bereich (Chr. Müller 1993) gehören.

Schon heute votiert jeder dritte Bürger (vgl. Kap. I/8.3) für ein garantiertes Sozialeinkommen: Gemeint ist ein *Grundeinkommen für alle Nichterwerbstätigen*, wenn dabei der *Nachweis gemeinnütziger Tätigkeit* – von der Kindererziehung bis zur Altenpflege – erbracht wird. Dieses „Junktim" des Gemeinnützigkeitsnachweises sollte unter allen Umständen beibehalten werden, um von vornherein möglichen Verdächtigungen entgegenzutreten, wonach Sozialeinkommens-Bezieher keine Motivation zum Arbeiten oder Verdienen hätten. Hinzu kommt auch: Jede Stigmatisierung entfällt, weil hier Leistungen nur derjenige erhält, der auch etwas leistet.

In ein solches Grundeinkommen bzw. Bürgergeld (vgl. Mitschke 1995) können problemlos andere staatliche Leistungen wie z.B. das Kindergeld, das Erziehungsgeld, das Wohngeld, die BAföG-Leistungen und die Sozialhilfe einbezogen werden. Manche Sozialleistungen werden dadurch entbehrlich. Dennoch: Die Finanzierung eines solchen Grundeinkommens bleibt ein großes Problem (vgl. BUND 1996, S. 363). Mögliche Finanzierungsvorschläge reichen von der Mehrwert- und Mineralölsteuer bis zur Erbschafts- und Vermögenssteuer. Die Einführung einer sozialen *Grundsicherung als existenzsichernder Lebensunterhalt* könnte jedenfalls längerfristig Sozial- und Arbeitslosenhilfe entbehrlich machen.

Anreize, trotz des garantierten Sozialeinkommens eine zusätzliche bezahlte Arbeit aufzunehmen, gehen deshalb nicht verloren. Die Modellrechnung von Ulrike Kress weist beispielsweise nach: Wer kein Einkommen hat, erhält das volle Mindesteinkommen von 1.000 DM. Wer nur 500 DM monatlich verdient, hätte einen Grundeinkommens-Anspruch von 750 DM zusätzlich. Wer hingegen ein Erwerbseinkommen von 1.500 DM erzielt, könnte lediglich mit einem Zuschuß von 250 DM rechnen. Hinzuverdienen lohnt sich immer. Erst ab einem Einkommen von 2.000 DM im Monat würden staatliche Zuschüsse entfallen. Und bei weiteren Einkommenszuwächsen wären dann auch Steuerzahlungen fällig (vgl. Kress 1994).

In jedem Fall muß gelten: Wer Arbeitsleistungen für die Familie oder die Gesellschaft erbringt, muß sozial abgesichert werden. Gemeinnützigkeit muß belohnt werden.

In diese Richtung zielt auch der aktuelle Bericht an den Club of Rome über „The Employment Dilemma and the Future Work“ (1997/98), in dem *neben* der Erwerbsarbeit zur selbständigen Existenzsicherung ein *Mindesteinkommen* („a minimum income“) vorgeschlagen wird. Dazu soll der Staat eine zeitlich reduzierte Arbeit von etwa 20 Stunden pro Woche bereitstellen: Eine Grundform formaler Arbeit („a basic unit of formal work“) zur *Sicherung des absolut Lebensnotwendigen.* Diese ebenso wohltätige wie wertschöpfende Arbeit ist aus moralischen und ökonomischen Gründen zwingend erforderlich, ja geradezu ein sozialpolitischer Imperativ. Eine solche Basisarbeit muß „möglichst staatlich garantiert“ werden und allen sozial Bedürftigen eine Minimum-Absicherung gewähren – nicht als Almosen, sondern als Hilfe auf Gegenseitigkeit: Wer das Mindesteinkommen in Anspruch nimmt, muß auch ein Mindestmaß an Arbeitsleistung erbringen und hat so die Chance, „weiterhin aktiv an unserem Wirtschaftsleben teilzunehmen“ (Liedtke 1997, S. 47).

1000 DM IM MONAT: GRUNDEINKOMMEN FÜR ALLE

Ein Rechen-Beispiel für ein neues System sozialer Sicherung

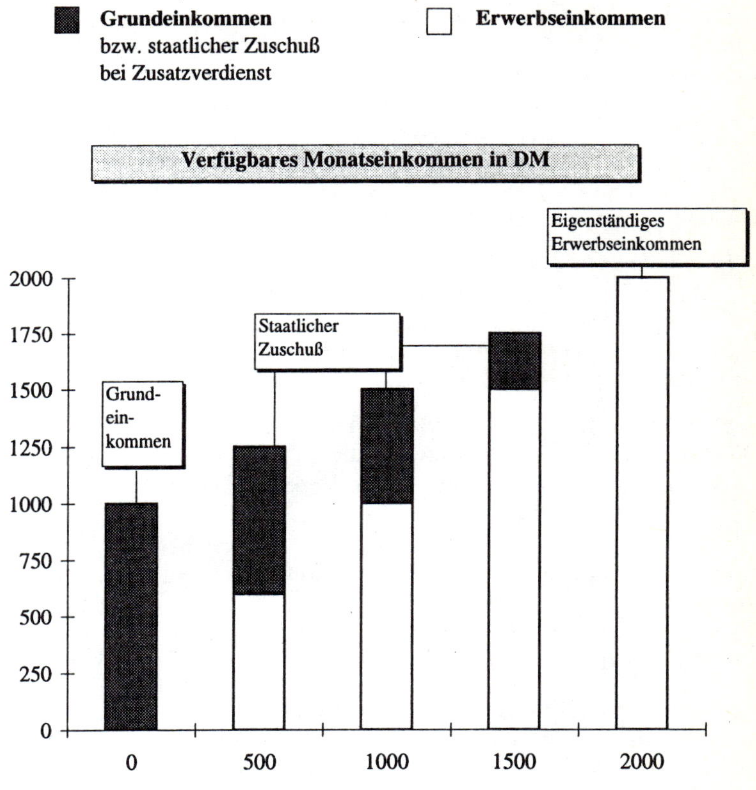

Eigene Zusammenstellung nach Daten von U. Kress (MittAB Nr. 3/1994)

2. Die Erwerbs-Arbeit

2.1 Hoffnungsträger Telearbeit?

Man stelle sich einmal vor: Die Arbeitswoche beginnt – und kaum einer verläßt das Haus, weil die Arbeit zum Arbeitnehmer kommt. Per Telekommunikation pendelt der Mitarbeiter zwischen Homeoffice und virtuellem Unternehmen – so *könnte* die Telearbeit der Zukunft aussehen. Sie würde Kosten sparen, Fehlzeiten reduzieren und die Produktivität erhöhen helfen. Die Hoffnung ist derzeit groß, daß die Telearbeit im 21. Jahrhundert für Texter und Kontakter, Buchhalter und Sekretäre neue Arbeitsmöglichkeiten schafft. Telearbeiten umfassen alle bildschirmorientierten Arbeiten, die unabhängig vom Sitz des Arbeitgebers geleistet werden können. Dazu zählen

* Tätigkeiten von einem *Heimarbeitsplatz* aus,
* *mobile Telearbeiten* an wechselnden Orten mit Laptop und Handy sowie
* Beschäftigungen in dezentralen *Nachbarschafts- oder Satellitenbüros,* die vom Sitz des Unternehmens örtlich unabhängig, aber elektronisch mit ihm vernetzt ausgeübt werden.

Bei allen drei Arbeitsformen sind die Telearbeiter mit PC, Telefon, Modem, ISDN-Anschluß und Drucker ausgestattet. Die Telearbeit spart Fahrzeiten zum Arbeitsplatz ein und erleichtert die Vereinbarkeit von Familie und Beruf, fördert aber auch die Isolation.

Symptomatisch für die Einschätzung der künftigen Entwicklung ist derzeit die gesellschaftliche Diskussion über die Auswirkungen der neuen Informationstechnologien auf den Arbeitsmarkt. Die Prognosen verteilen sich auf vier Meinungs-Lager: Erstens auf die Euphoriker, zweitens die Pragmatiker, drittens die Skeptiker und viertens die Pessimisten.

* Zu den *Euphorikern* zählt – das mag niemanden überraschen – der Zentralverband der Elektrotechnik und Elektronikindustrie, der uns drei Millionen neue Telearbeitsplätze verheißt.
* Zu den *Pragmatikern* gehört eher das Bundeswirtschaftsministerium, das aufgrund einer EU-Schätzung 1,5 Millionen zusätzliche Stellen für die nächsten fünfzehn Jahre ankündigt, also etwa 100.000 neue Arbeitsplätze pro Jahr. Auch das Bundesministerium für Forschung und Technologie nimmt eine pragmatische Position ein und rechnet nach einer vom Institut Arthur D. Little vorgelegten Untersuchung lediglich mit 210.000 neuen Arbeitsplätzen bis zum Jahr 2010, also keine 20.000 neuen Stellen pro Jahr.
* Das Lager der *Skeptiker* geht hingegen davon aus, daß der Bereich „Multimedia" vorhandene Arbeitsplätze lediglich sichern, nicht aber zusätzliche schaffen hilft. In gleichem Maße, wie die neuen Technologien

zur Rationalisierung und damit zum Beschäftigungs-Rückgang bei Branchen wie Banken, Versicherungen, Touristik, Verkehr, Verwaltung und Industrie beitragen, sorgen sie auch für neue Arbeitsplätze in Anwenderbranchen. Das käme aber einem *„Null-Summen-Spiel“* gleich. Gewinn und Verlust hielten sich die Waage. Die Wettbewerbsfähigkeit der Wirtschaft bliebe erhalten. Aber – nüchtern betrachtet – wären die Arbeitsmarkt-Effekte der Multimedia-Branche gleich Null. Dann träfe das ein, was branchenintern hinter vorgehaltener Hand ohnehin schon geäußert wird: Insider reden vom „größten nicht existierenden Arbeitsmarkt“...

* Die vierte Gruppe der *Pessimisten* wird angeführt von dem amerikanischen Sozialforscher Jeremy Rifkin. Nach Rifkin schaffen die neuen Informationstechnologien keine neuen Arbeitsplätze, sondern rotten ganz im Gegenteil die Arbeit praktisch aus.

Waerden in Zukunft die Euphoriker, die Pragmatiker, die Skeptiker oder die Pessimisten die wahren Realisten sein?

1980 sagte der amerikanische Zukunftsforscher Alvin Toffler den westlichen Industriegesellschaften voraus, daß es möglich sei, die Hälfte aller Arbeitsplätze in Form von Telearbeit zu organisieren. Jeder zweite Arbeitsplatz sei „telearbeitstauglich“. Millionen von Arbeitsplätzen würden wieder dahin zurückverlegt, wo sie sich ursprünglich befanden: in die eigenen vier Wände. Fast ausnahmslos positiv schätzte Toffler die Segnungen dieser neuen technologischen Errungenschaft ein:

* weniger Streß für den einzelnen,
* geringe Scheidungsraten,
* weniger flüchtige zwischenmenschliche Beziehungen,
* eine größere Beteiligung am Gemeindeleben und
* weniger erzwungene Mobilität.

Die emotionalen Bindungen in Familie und Nachbarschaft würden vertieft, unsere Wertvorstellungen, unsere Städte, unsere Umwelt und unser gesamtes Wirtschaftssystem „fast bis zur Unkenntlichkeit verändert“ (Toffler 1980, S. 215).

Seit Tofflers Zukunftsvision gilt Telearbeit als viel diskutiertes, aber wenig realisiertes Phänomen. Der Verdacht kommt beinahe auf, daß es mittlerweile mehr Begleitforscher und Kommentatoren als wirkliche Telearbeiter gibt (vgl. Dostal 1996, S. 10). Zur Zeit sind allenfalls etwa 150.000 Telearbeitsplätze in Deutschland vorhanden. Nach eher optimistischen Prognosen der Computerbranche wird es bis *Ende dieses Jahrtausends maximal 800.000 Telearbeiter in Deutschland* geben (vgl. Zorn 1997, S. 83).

Das prognostizierte Heer von Telearbeitern wird noch lange auf sich warten lassen. In allen europäischen Ländern liegt der Anteil der Telearbeiter bei unter drei Prozent. Und die Erfahrung zeigt, daß es die Telearbeit, die den Schreibtisch in der Firma ersetzt, praktisch gar nicht gibt.

Es herrscht die sogenannte alternierende Telearbeit vor, bei der die Mitarbeiter mal im Büro und mal zu Hause sind. Nach vorliegenden Erfahrungswerten (z.B. bei IBM in Deutschland) bringt jeder Telearbeiter gerade mal 1,5 Tage pro Woche im eigenen Heimbüro zu.

Mit der Telearbeit ist immer auch die Hoffnung auf eine bessere Vereinbarkeit von Beruf und Familie verbunden. In Wirklichkeit wächst eher die *Gefahr der Doppelbelastung*. Telearbeiter(innen) müssen die Erfahrung machen: „Wenn Kinder wach sind, kann man nicht arbeiten" (Zorn 1997, S. 82). Telearbeiter(innen) haben nicht mehr Zeit, sondern – allenfalls – zum richtigen Moment Zeit (vgl. Kardey, S. 5). Die Vereinbarkeit von Beruf und Familie ist nur dann problemlos gegeben, wenn die Telearbeit durch eine Kinderfrau unterstützt wird.

Telearbeit kann nachweislich Streß-Freiheit nicht garantieren; eher sorgt sie für zusätzlichen Streß. Die Erklärung: Telearbeiter haben eine elektronische Identität und sind dadurch *total erreichbar*, also *permanent präsent*. Infolgedessen müssen sie auch immer pünktlich liefern. Die ständige Tele-Anbindung zu Hause bedeutet einen radikalen *Bruch mit der traditionellen Arbeitskultur*. Denn das Unternehmen erwartet unterschwellig eine Rund-um-die-Uhr-Produktivität, d.h. es „muß schon relativ viel passieren, bevor ein(e) Telearbeiter(in) sagt: ‚Ich schaffe es nicht'„ (Zorn 1997, S. 77).

Große Skepsis und Zweifel meldet daher die Bevölkerung bei der Prognose der Medienbranche an, die Telearbeit ermögliche eine bessere Vereinbarkeit von Beruf und Familie. Drei Viertel der *Unter*nehmer glauben fest daran (vgl. BMWi 1996, S. 9) – doch drei Viertel der *Arbeit*nehmer *nicht*. Nur jeder vierte Berufstätige stimmt der Aussage zu: „Für alleinerziehende Telearbeiter(innen) lassen sich in Zukunft Beruf und Kindererziehung besser vereinbaren." Die überwiegende Mehrheit aber vermutet *mehr Abhängigkeit als Selbständigkeit*.

Von gewerkschaftlicher Seite nimmt die Besorgnis zu, daß die künftigen Telearbeiter mit ihrer Devise „Nie mehr ins Büro" (aber auch „Nie mehr Feierabend") vor sich selbst geschützt werden müßten. Die Gefahr besteht, daß Telearbeit zur „(Schein-)Selbständigkeit" (DETLEF HENSCHE/IG Medien) wird, die sich zwischen Abhängigkeit und Selbständigkeit bewegt. Wo fängt das Zuhause an und wo hört das Büro auf? *Die Grenzen zwischen Work-Station und Home-Center verwischen sich*. Die Arbeit wird sicher flexibler und individueller, aber auch kontaktärmer und einsamer sein. Mehr Produktivität, dafür weniger Kommunikation?

Aus der Sicht der Bevölkerung halten sich die künftigen Chancen und Risiken der Telearbeit die Waage. Einerseits wird auf die Möglichkeit hingewiesen, beim Teleworking *die Arbeitszeit individueller einteilen* zu können (23%). Andererseits wird auch ein Problem darin gesehen, daß die Telearbeiter *die sozialen Kontakte am Arbeitsplatz vermissen* (22%). Berufstätige Frauen betonen eher die Risiken, berufstätige Männer mehr die Chancen von Telearbeit. Offensichtlich liegen noch zu wenig Erfahrungen in Deutschland vor. Können multimediale Kontakte zwischenmenschliche Beziehungen überhaupt ersetzen? *Telearbeit kann zur großen sozialen Herausforderung des 21. Jahrhunderts werden.*

Es ist bezeichnend, daß in der öffentlichen Diskussion die Verbreitung der Telekommunikation auch als ein Beitrag zur Verkehrsentlastung angesehen wird. In Wirklichkeit gleicht das Ganze wohl eher einem *Null-Summen-Spiel*:

Was Teleworker an Berufswegen einsparen, gleichen sie durch gesteigerte Freizeitmobilität wieder aus.

PC-Nutzer haben nachweislich und verständlicherweise *ein größeres Mobilitätsbedürfnis als die übrige Bevölkerung*. Sie sind mehr als andere Bundesbürger mit dem Auto unterwegs. Ihr Auto-Mobilitätsverhalten ist deutlich höher (32%) als bei der übrigen Bevölkerung (22%). Nach Feierabend schalten sie den Computer aus und die Zündung im Auto ein. Der erwartete Substitutionseffekt, also die Verkehrsentlastung durch mehr Heimarbeit wird vermutlich „gleich Null" sein. Lediglich die berufsbedingte „rush hour" könnte sich zeitlich verlagern – mit der Konsequenz, daß der *Verkehr dann rund um die Uhr* stattfindet und die Grenzen zwischen Berufsverkehr und Freizeitverkehr immer fließender werden.

Mehr illusionär als realistisch muß also die Vorstellung erscheinen, Telearbeiter würden in Zukunft mehr auf den Datenautobahnen als auf richtigen Straßen hin- und herpendeln. Die Entlastung auf den Straßen soll gar mehrere Milliarden Kfz-Kilometer bei einer Einsparung von Millionen Litern Benzin betragen... Es ist eher davon auszugehen, daß die informationstechnische Aufrüstung der Gesellschaft für die Umwelt *mehr Belastungs- als Entlastungseffekte* bringt. Nachweislich wächst die Zahl der unter beträchtlichem Energie- und Ressourceneinsatz hergestellten Rechner und Peripheriegeräte ständig, während gleichzeitig die genutzten Geräte immer schneller veralten. Manche Informationstechnologien werden heute schon nach zwei Jahren wieder ausgetauscht. Der Anteil von Computern am Elektronikschrott wird vom Umweltbundesamt auf 150.000 Tonnen pro Jahr geschätzt (Andreas Troge/Umweltbundesamt 1995).

So bleibt allenfalls die Hoffnung, daß im Zeitalter der Telekommunikation *neue Verkehrsleitsysteme* („Telematik“) eine Verkehrsreduktion durch effizientere Gestaltung des vorhandenen Verkehrsaufkommens bewirken „könnten“.

Eine effizientere Verkehrsgestaltung wird die Verkehrsteilnehmer eher dazu animieren, mehr und längere Autofahrten zu unternehmen. Telematik auf den Straßen zieht eher neuen Verkehr an.

Techniker, Planer und Politiker sollten sich daher in Zukunft nicht nur mit technologischen Neuerungen, sondern auch mit der Psychologie der Menschen beschäftigen. Fehleinschätzungen und Fehlprognosen sind vorprogrammiert, wenn in den Zukunftsplanungen die erlebnispsychologischen Bedürfnisse der Menschen nicht stärker berücksichtigt werden.

2.2 Wieder-Entdeckung der Dienst-Leistung

Weltweit ist der Anteil der Dienstleistungen am Weltsozialprodukt zwischen den siebziger und neunziger Jahren von 55 auf 65 Prozent angestiegen. Auch in Deutschland übertrifft die Bruttowertschöpfung der Dienstleistungsunternehmen diejenige des Produzierenden Gewerbes – mit steigender Tendenz: Der Dienstleistungssektor wird zum Beschäftigungsmotor (Mangold 1997, S. 13). Andererseits ist aber auch zu befürchten, daß immer mehr Unternehmen bestimmte Dienstleistungen wegen der Effizienz- und Kostenvorteile ins Ausland auslagern („Outsourcing“). Das Wachstum der Dienstleistung wird nicht grenzenlos sein. Dennoch gilt: Deutschland wird – wie andere westliche Länder auch – in Zukunft *keine Industrienation mehr* sein, weil sich der Dienstleistungssektor zum größten Wirtschaftsbereich entwickelt (vgl. Krämer 1997).

Natürlich löst sich die Industriegesellschaft nicht als Ganzes auf, weil es industrielle Güterproduktion auch in Zukunft geben muß und keine Volkswirtschaft darauf verzichten kann.

Mit dem sich abzeichnenden Strukturwandel von der Industrie- zur Leistungsgesellschaft ergeben sich jedoch Zukunftschancen für eine neue Dienst-Leistungsgesellschaft in dreifachem Sinne:

1. In der künftigen Dienstleistungsgesellschaft findet eine Verlagerung *vom Warenexport zum Wissensexport* statt. Dabei wird beispielsweise das Know-How über neue Recycling-Verfahren oder neue Verkehrssysteme als produktionsbegleitende Dienstleistung verkauft. Dies erklärt auch, warum ein „Industrie"-Konzern wie z.B. Siemens derzeit schon über 50 Prozent seines Umsatzes mit Dienstleistungen macht.

2. Das Kapital, auf das sich die künftige Dienstleistungsgesellschaft stützt, besteht hauptsächlich aus *F- und E-Kompetenzen*, also Forschung und Entwicklung, Planung und Konzeption, Marketing und Vertrieb, Beratung und Betreuung, Gestaltung und Design, Wartungs- und Kundenservice. Die hochqualifizierte Dienstleistung bleibt im eigenen Lande, während die industrielle Produktion in andere Länder (insbesondere die Dritte Welt) verlagert wird. Das Unternehmen Adidas produziert beispielsweise keinen einzigen Sportschuh in Deutschland mehr.

3. Die künftige Dienstleistungsgesellschaft erschließt auch neue Märkte und Arbeitsfelder. Neben dem notwendigen Ausbau von Sicherheits-, Vorsorge- und Gesundheitsdiensten entwickelt sich eine *expansive erlebnisorientierte Freizeitwirtschaft* als Anbieter von Tourismus-, Medien-, Kultur-, Sport- und Unterhaltungsdienstleistungen.

Die neue Dienstleistungsgesellschaft stellt vielfältige Anforderungen an die Beschäftigten. Daher heißt es Abschied nehmen von der Legendenbildung, hier gebe es nur Jobs für ungelernte Hilfsarbeiter mit Billiglöhnen. Wie im Produktionsbereich stellt natürlich auch der Dienstleistungssektor ein Betätigungsfeld für Geringqualifizierte dar, aber genauso für Beschäftigte mit hohem Qualifikationsniveau. Die Verunglimpfung der Dienstleistungsgesellschaft als „Blaupausengesellschaft" mit Homeservice, bei dem wir uns gegenseitig kostenlos die Haare schneiden, hat schließlich Tradition: Denn 400 Jahre Arbeitsethos und über 100 Jahre Industriegesellschaft haben ihre Spuren hinterlassen und ganze Generationen geprägt.

Jetzt ist ein Umdenken erforderlich: Statt sich nur über die mangelnde Dienstleistungsmentalität in der „Servicewüste" lustig zu machen, ist eher ein *Mentalitätswechsel in der öffentlichen Diskussion zwingend geboten.* Gemeint ist die Akzeptanz der Gleichwertigkeit von Produktionsleistung und Dienstleistung, von Hardware und Software. Infolgedessen muß sich auch das Ausbildungswesen verändern: Denn *eine neue Dienst-Leistungskultur verlangt neue Berufsbilder: Auch Dienen will gelernt sein.* Millionen von Menschen üben schon heute Dienst-Leistungstätigkeiten aus, für die es bisher weder eine gültige Ausbildungsordnung noch eine anerkannte Berufsbezeichnung gibt.

Zu viele Jugendliche lernen in der Industrie, zu wenige bei Dienstleistern. Die Berufsausbildung ist traditionell eine Industriedomäne. Infolgedessen werden Jugendliche hier weit über Bedarf ausgebildet.

Umso größer ist der Qualifizierungsbedarf im Dienstleistungsbereich. Für viele Dienstleistungstätigkeiten gibt es bisher keine geregelte Ausbildung. Die Folge: Viele Produktionsberufe dilettieren wie Amateure im Dienstleistungsbereich, weil es ihnen an Qualifikation und Professionalität mangelt. Das Ausbildungssystem hat bisher den Anschluß an den globalen Trend zur Dienstleistungsgesellschaft verpaßt.

Ein Ende der Servicewüste ist erst dann in Sicht, wenn die Qualifizierung des Personals durch systematische Aus- und Weiterbildung sichergestellt ist, so daß z.B. auch

* Haushaltshelfer und Sicherheitsberater,
* Touristikmanager und Erlebnisgastronomen,
* Messegestalter und Eventplaner,
* Fitness- und Gesundheitsberater,
* Fremdenführer und Reiseleiter,
* Senioren- und Krankenbetreuer

in Zukunft anerkannte Ausbildungsberufe im Dienstleistungsbereich sein können.

Eine *neue Dienstleistungskultur*, die das Dienen und Leisten wieder attraktiv macht, ist notwendiger denn je. Ob Kellner und Kuriere, Kassierer und Kontrolleure, Home- und Babysitter, Taxifahrer und Fremdenführer – sie alle sind als *Servicepersonal* tätig. Für sie müßte der Kunde wieder König werden. Doch von diesem hohen Qualitätsanspruch sind viele Dienstleister noch weit entfernt. Servicequalität ist noch immer mehr Mythos als Wirklichkeit. Die überwiegende Mehrheit spürt von Gast- oder Kundenorientierung herzlich wenig:

* Gerade 41 Prozent der Bevölkerung können sich bei ihrem letzten Behördenbesuch in der Stadtverwaltung an *freundliches Personal* erinnern.
* Lediglich zwei von fünf Befragten (39%) fühlen sich von ihrer Bank *fachkundig beraten.*
* Und nur 29 Prozent der Bevölkerung haben bei ihrem letzten Kaufhaus-Besuch eine *aufmerksame Bedienung* vorgefunden.

Vorliegende Erfahrungswerte aus der Praxis weisen nach: Von 100 unzufriedenen Kunden wandern nur 14 wegen schlechter Produktqualität ab – aber über zwei Drittel, wenn sie von den Mitarbeitern schlecht beraten oder unfreundlich bedient wurden. Und nur 4 von 100 Unzufriedenen beschweren sich, 11 aber erzählen ihre Negativerfahrungen anderen weiter (ROLAND BERGER – Mövenpick/Bern 1995).

Der Wandel von der Industrie- zur Dienstleistungsgesellschaft ist in der Touristikbranche besonders weit fortgeschritten. Die Urlaubsreise gilt als ein Stück Lebensqualität. Wer also eine Urlaubsreise bucht, hat geradezu Anspruch auf Lebensqualität (insbesondere Servicequalität). Der Traum vom Traumurlaub ist einklagbar. Fehlende oder verminderte Dienst-Leistungen am Urlaubsort stellen eine Beeinträchtigung des Urlaubsgenusses dar, ja gelten als Verlust von Lebensfreude. Dies hat konkrete Folgen: *Servicemängel führen zu Preisminderungsansprüchen*. So können Urlauber z.B. nach der sogenannten „Frankfurter Tabelle" die Höhe ihrer Ansprüche ablesen, die Gerichte ihnen zusprechen. Als mangelhafte Reiseleistungen gelten beispielsweise:

* Fehlende Unterhaltung an Bord, z.B. kein Film oder Radio (Minderungsanspruch 5% vom Reisepreis)
* Gerüche im Hotel (-5 bis 15%)
* Lärm am Tage (- 5 bis 25%)
* Lärm in der Nacht (- 10 bis 40%).

Wenn es zu erheblichen Flugverspätungen kommt, statt des See-Blicks eine Hinterhof-Perspektive geboten wird oder das Hotelpersonal zeitweise streikt – der Urlaubsreisende kann sich seines Preisnachlasses sicher sein. *Urlaubsqualität ist kontrollierte und garantierte Lebensqualität.*

Es gibt kaum einen anderen Dienstleistungsbereich, bei dem der Kunde wirklich so König sein kann wie in der Touristikbranche. Daher sollten sich andere Branchen auch nicht wundern oder ärgern, daß die Urlaubsreise eine so hohe *Konsumpriorität* besitzt. Servicequalität im Urlaub gehört zur Inklusivleistung; wer hingegen zu Hause im Kaufhaus schlecht beraten wird, kann allenfalls auf Kulanz hoffen. Man stelle sich einmal vor: Der Kunde könnte Preisabschläge verlangen, weil er im Kauf- oder Warenhaus unfreundlich bedient wurde. Ein Alptraum für Handel und Dienstleistung.

Servicequalität gleicht im Idealfall einem Zeit-Geschenk: Das Personal schenkt den Kunden Zeit, hat Zeit für sie, ja widmet ihnen für Augenblicke die ganze Aufmerksamkeit.

Und die Kunden genießen diese schönen Momente – das Eingehen auf individuelle Wünsche. Sie haben das Gefühl, die Mitarbeiter sind so aufmerksam – nicht, weil sie es sein „müssen", sondern weil sie es gern und freiwillig tun. Der Eindruck entsteht: Viele Kunden sind schon froh, wenn sie beim Abendeinkauf überhaupt noch bedient werden oder nach dem Kino- oder Theaterbesuch im Restaurant noch essen dürfen. Im internationalen Dienstleistungsvergleich mit den südlichen Urlaubsländern, aber auch USA und Asien kann Deutschland bisher kaum bestehen. Die Industriegesellschaft ist noch lange keine Dienstleistungsgesellschaft. Die Wiederentdeckung der Dienst-Leistung, die mehr sein will als bloßer Verkauf, steht noch aus.

Andererseits ist die Gefahr nicht von der Hand zu weisen, daß – wie z.B. der französische Philosoph André Gorz befürchtet – die Zukunft auch einer Gesellschaft von Dienstsklaven gehören kann, daß sich also die „Wiedergeburt einer Dienstbotenklasse“ (Gorz 1994, S. 21) ankündigt, die doch in der Industriegesellschaft abgeschafft worden war. Geht nun das Ende der Industriegesellschaft mit einer Zunahme von Schuh- und Windschutzscheiben-Putzern, von Botengängern und Einkaufshelfern, von Tagesmüttern und -vätern einher, so daß die Dienst-Leistung eher einer Bediener-Arbeit gleicht?

Droht gar die Südafrikanisierung der Gesellschaft, die fast kolonialistisch einen großen Teil der Bevölkerung in die Rolle von Dienstboten zwingt, während die privilegierte Minderheit der Voll-Erwerbstätigen von jeder Hausarbeit entlastet wird?

Entsteht eine gefährliche Kluft zwischen hochbezahlten Wissensarbeitern und unterbezahlten Dienstboten, die Babysitter spielen, Betten machen oder Einkäufe tätigen? Damit aber wäre sozialer Zündstoff vorprogrammiert.

2.3 Wandel im Karrierebewußtsein

Unternehmen und Unternehmer müssen umdenken. *Die Karrieristen von morgen entdecken die Lust am ganzen Leben.* Sie leben nicht mehr vom Job und für die Karriere allein. Für zwei Drittel der 18- bis 34jährigen heißt berufliche Karriere mittlerweile „eine Arbeit haben, die Spaß macht“ (67%). Hingegen interessieren Führungspositionen nur mehr am Rande (20%). Die meisten jungen Leute, die Karriere machen wollen, fragen zuerst danach, wie sie ihre „eigenen beruflichen Vorstellungen verwirklichen können“ (59%). Sie fragen nach persönlichen Entfaltungsmöglichkeiten im Beruf, nach mehr Freiräumen für das eigene Gestalten und nach dem, was ihnen die Arbeit persönlich bringt.

Arbeitszeit ist für die neue Karrieregeneration Lebenszeit, bei der die Sinnfrage nicht ausgeklammert werden darf. Ihre Schlüsselfrage lautet nicht mehr nur: Kann ich viel verdienen? – sondern auch: Wie sieht mein Job aus?

Berufliche Karriereplanung heißt für die junge Generation auch persönliche Lebensplanung. Die jungen Karrieristen arbeiten in erster Linie für sich und ihre Erfolgserlebnisse und *„messen"* ihre Erfolge deutlich weniger als die Elterngeneration an Aufstiegs*"stufen"* oder Führungs*"positionen"*. Sie wollen Karriere erleben und nicht nur machen.

„Ich will mehr Zeit für mich" – diese Forderung wurde früher eigentlich nur nach Feierabend laut. Die künftigen Fulltime-Jobber mit Karriereambitionen möchten hingegen beides haben und sinnerfüllt erleben: Arbeitszeit und Freizeit. Gleichberechtigt sollen sie nebeneinander stehen, Privates also genauso wichtig wie Berufliches sein. Das Privatleben soll seinen Inselcharakter verlieren. Die neue Karrieregeneration wählt die *Form der sanften Karriere*, will ebenso leistungsmotiviert, zielstrebig und erfolgsorientiert sein, läßt sich aber nicht mehr nur von harten Prinzipen wie Macht und Aufstiegsstreben leiten. Sie hat Spaß an der Arbeit, Freude am Erfolg und Lust an der Verwirklichung eigener beruflicher Vorstellungen.

Und überall dort, wo diese beruflichen Vorstellungen nicht zu realisieren sind, weicht die junge Generation zunehmend in andere Bewährungsfelder aus. Der Karrierebegriff bleibt in Zukunft nicht mehr allein auf den beruflichen Bereich beschränkt – er bekommt Konkurrenz vom außerberuflichen Bereich. Ein vielfältiges Profilierungsfeld für individualistische Karrieren. Schon spricht man in der neueren Sozialforschung (vgl. Eckert/Drieseberg/Willems 1990) von sogenannten *„Freizeitkarrieren"*.

Insbesondere in der jüngeren Generation entwickeln sich zunehmend neue Qualifikationsprofile als Musiker, Sportler, Heimwerker, Globetrotter oder Computerfreak, die fast professionelle Ansprüche erfüllen und Hobby- und Berufsinteressen miteinander verbinden.

Diese *neuen Profis* finden genausoviele attraktive Profilierungsmöglichkeiten vor wie die Karrieristen im Beruf: Aufnahmerituale, Leistungsanforderungen, Konkurrenzsituationen, Selbstdarstellungen, Erfolgserlebnisse und Aufstiegsmöglichkeiten in der Clique, im Club oder im Verein. Lediglich die gesellschaftliche Anerkennung blieb vielen bisher noch versagt. Doch zeichnet sich für die Zukunft ab, daß Aufsteiger und „Workaholiker" mit ihrem Bekenntnis „Ich arbeite viel für meine Karriere" um ihr Prestige bangen müssen angesichts des steigenden Kurswertes außerberuflicher Karrieristen wie „Ich bin Surfer oder Golfer, Tiefseetaucher oder Fallschirmspringer".

Die Erklärung liegt nahe: Viele Risiken des Lebens scheinen ja heute durch Unfall-, Kranken- oder Pflegeversicherung abgesichert zu sein. Dadurch wird die Lust am Risiko eher geschürt als gebremst. Eine „neue Wagniskultur" (Roman Herzog 1995) läßt uns in der Tat immer wagemutiger und risikobereiter werden – aber fast ausnahmslos nach Feierabend. Ist die Arbeitswelt kein Erfahrungsfeld für Wagnis und Risiko mehr? Stellen Hobby, Sport und Urlaubsreisen die letzten Abenteuer dar?

2.4 Neue Anreize für berufliche Mobilität

Die traditionelle Leistungs-Lohn-Beziehung (= Arbeitsleistung gegen Vergütung) wird in Zukunft nicht mehr allein das Arbeitsverhältnis bestimmen. Hinzu kommen auch psychologische, soziale, kulturelle, also immaterielle Vertragsinhalte. Viele Anreize werden dann „Bleibeanreize" (Schanz 1991, S. 9) sein – als wirksame *Maßnahme gegen wachsende Fluktuationsprobleme*. Positiv formuliert: Attraktive Anreizsysteme helfen auch, potentielle Stellenwechsler anzuwerben bzw. anzuziehen.

In einem sind sich alle Berufsgruppen einig: Wenn die Lebensqualität vor Ort, also insbesondere der Freizeitwert einer Region nicht stimmt, ist auch die Neigung gering, aus beruflichen Gründen einen Wohnortwechsel vorzunehmen. Sie beißen nicht mehr bei jedem Karriere-Angebot an, wenn das Arbeitsumfeld nicht attraktiv genug ist. Eine Stadt oder Region, die heute noch die Verbesserung des Freizeitwertes als nebensächlich ansieht, investiert mit Sicherheit an der Zukunft vorbei. Der Freizeitwert steigert die Zukuntschancen von Unternehmen, fördert das Standortimage und stützt die Fremdenverkehrswirtschaft. Die *Lebensqualität Freizeit* als Wachstumsfaktor für die Wirtschaft, Standortfaktor für die Unternehmen und Motivationsfaktor für die Arbeitnehmer bekommt wachsende Bedeutung.

Unternehmer und Kommunalpolitiker müssen umdenken: Unternehmer, die den Freizeitwert einer Stadt fördern, haben Standortvorteile. Und Kommunalpolitiker, die Freizeitförderung als Wirtschaftsförderung verstehen, vergrößern die Anziehungskraft eines Standortes für neue Unternehmen und Zuzügler. Wer die Attraktivität einer Stadt oder Region im Bereich von Freizeit, Kultur und Bildung (= sogenannte „weiche Standortfaktoren") steigert, betreibt erfolgreiche Neuansiedlungspolitik und hilft, neue Betriebe zu gewinnen und neue Beschäftigte anzuziehen.

Bei der Entscheidung, aus beruflichen Gründen den Wohnort zu wechseln, hat der Freizeitwert einer Stadt oder Region das größte Gewicht. Nicht mehr die Chance zu beruflichem Aufstieg motiviert die Arbeitnehmer am meisten zu beruflicher Mobilität, sondern der Freizeitwert und die touristische Attraktivität eines Standortes. *Neben dem Lohn- und Wohnwert* eines Standortes entwickelt sich *der Freizeitwert zum größten Anreiz für die berufliche Mobilität* der hochqualifizierten und vielbeschäftigten Fulltime-Jobber. Zum Freizeitwert einer Stadt oder Region gehören Ausflugs- und Naherholungsgebiete, Stadtparks und Grünanlagen, Fußgängerzonen, Einkaufszentren und Ladenpassagen, Restaurants, Cafés und Kneipen.

* *Freiberufler* legen besonderen Wert auf bequem erreichbare Ausflugs- und Naherholungsgebiete.
* *Leitende Angestellte* wollen in ihrer knapp bemessenen freien Zeit auf ein vielseitiges Kulturangebot nicht verzichten.
* Für *Angestellte* und *Beamte* sind Einkaufszentren und -passagen sowie Restaurants und Cafés besonders attraktiv.
* Und für *Arbeiter* haben Stadtparks und Freizeitbäder eine besondere Bedeutung.

Eine Region muß heute viele Attraktivitäten bieten, um Vollzeitbeschäftigte halten oder junge Führungskräfte gewinnen zu können. Die touristische Attraktivität von Hamburg oder München, der Côte d'Azur oder dem sonnigen Kalifornien hat den Beweis erbracht: Arbeitnehmer lockt immer mehr die Sonnenseite des Lebens. Sie wollen am liebsten dort arbeiten und wohnen, wo andere Urlaub machen. Wo man gern leben will, will man auch gern arbeiten. Die hohe Attraktivität bestimmter Regionen wird den Wunsch von Nachwuchskräften nach beruflicher Mobilität verstärken.

2.5 New Work: Arbeit muß Spaß machen

Die Quantität, also die Arbeitsdauer, steht nicht mehr im Brennpunkt des Lebensinteresses von Vollzeiterwerbstätigen. Konkret: Der Ruf nach kürzerer Arbeitszeit ist immer weniger laut vernehmbar. Die *Arbeitsfreude* hat sich mittlerweile zum wichtigsten Motivationsfaktor entwickelt, d.h. die Arbeit „muß" Abwechslung, Herausforderung und Erfolgserlebnisse bieten. Dafür spricht auch, daß sich fast jeder zweite Arbeitnehmer nur mehr durch sinnvolle Arbeitsinhalte zu mehr Leistung motivieren läßt. Die Menschen wünschen sich immer das, was sie noch nicht haben bzw. subjektiv als Defizit empfinden. Wenn die Arbeitnehmer derzeit so laut nach einer Arbeit rufen, die Spaß macht und Sinn hat, weist dies auf ein neues *qualitativ verändertes Anspruchsniveau der Arbeitnehmerschaft* hin.

Hinzu kommt: Auch für Fulltime-Jobber und künftige Karrieristen ist die Erwerbs-Arbeit nicht mehr der Dreh- und Angelpunkt des Lebens. Die Erwerbs-Arbeit muß sich vielmehr mit den übrigen Interessen und Aktivitäten jenseits der Arbeit in Freizeit, Familie und Freundeskreis vereinbaren lassen. Ist dies nicht gewährleistet, „sinken Arbeitsmotivation und mit ihr die Wettbewerbsfähigkeit" des Unternehmens (Miegel 1997, S. 15). Wenn die subjektiven Erwartungen vom realen Arbeitsangebot enttäuscht werden, kann auch eine gute Bezahlung keinen Ausgleich liefern.

DIE NEUE ARBEITSPERSÖNLICHKEIT

Alte Arbeitstugenden sterben nicht aus

Frage :„ Die Arbeitswelt erfordert ganz bestimmte Merkmalsausprägungen eines Menschen. Sagen Sie mir bitte, in welchem Maße die einzelnen Merkmale ausgeprägt sein müssen, um den Anforderungen der Arbeitswelt gewachsen zu sein."
(Antworten von 1= „gar nicht " bis 7= „äußerst stark")

Arbeitspersönlichkeit : Prozent der Befragten die angeben, daß die Merkmale stark (Skalenwert 6 oder 7) ausgeprägt sein müssen, **um den Anforderungen der Arbeitswelt gewachsen zu sein.**

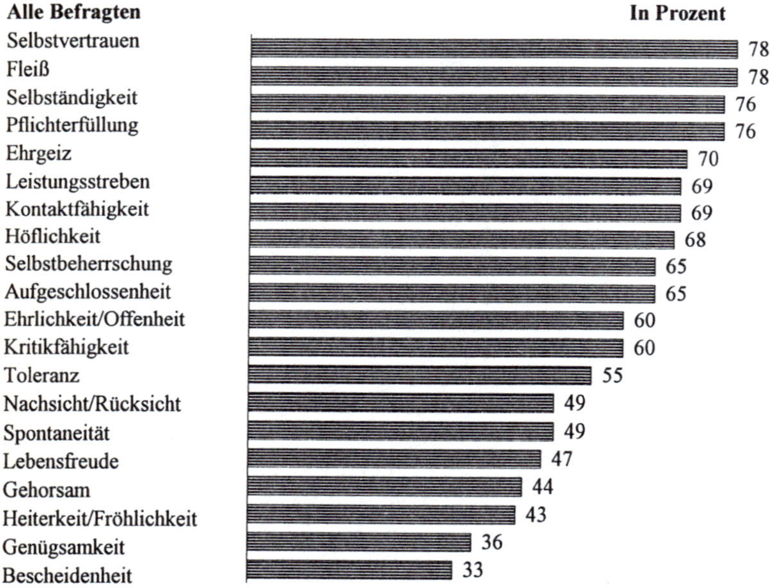

Basis: Repräsentativbefragung von 1.512 Berufstätigen 1996 in Deutschland

B·A·T Freizeit-Forschungsinstitut

Die Leistungsmotivation von Vollzeiterwerbstätigen wird man künftig nicht einfach verlangen, voraussetzen oder „abrufen" können. Ganz im Gegenteil: Die vielbeschäftigten Arbeitnehmer werden die eigene Leistung zu reduzieren wissen, wenn ihnen nicht *neben* materiellen Vergütungen *zusätzliche* immaterielle Anreize geboten werden. Leistungsmotivation und Arbeitszufriedenheit hochqualifizierter Arbeitskräfte werden durch fünf Hauptmerkmale bestimmt:

* Faktor Spaß
* Faktor Sinn
* Faktor Geld
* Faktor Status
* Faktor Zeit.

Alle fünf Faktoren sind auf ein Ziel gerichtet: *Mehr vom (Arbeits-)Leben haben.*

Eine Arbeit, die Spaß macht, ist wichtiger (70%) als ein höheres Einkommen (45%) oder zusätzliche Leistungsprämien (34%). Und sinnvolle Arbeitsinhalte (51%) haben eine größere Bedeutung als Status und Karriere im Beruf (34%):

* Wer *Arbeiter* zu besonderen Leistungen anspornen will, muß ihnen nach wie vor mehr Lohn zahlen, aber auch für kürzere Arbeitszeiten sorgen.
* Wer die Leistungsbereitschaft von *Angestellten und Beamten* herausfordern will, muß ihnen Arbeitstätigkeiten übertragen, die mehr Spaß machen.
* *Leitende Angestellte und höhere Beamte* sind an zwei Leistungsanreizen gleichermaßen interessiert: Sie erwarten für sich eine selbständige, verantwortliche Tätigkeit und ausreichende Aufstiegs- und Karrierechancen.

Das Bedürfnis, in der Arbeit etwas zu leisten, ist größer denn je. Wer also die Motivation von Mitarbeitern erhöhen will, muß dafür sorgen, daß sie schon während der Arbeit (und nicht erst danach) Freude am Leben haben.

2.6 Vom Abhängig Beschäftigten zum Neuen Selbständigen

Auf der Basis von 19 Persönlichkeitsmerkmalen wurden die Anforderungen untersucht, die die Arbeitswelt an die Menschen stellt. Auf diese Weise ergab sich das *Bild einer Arbeitspersönlichkeit* aus der jeweiligen Optik der Befragten. Dabei war es legitim anzunehmen, daß sich die Befragten in ihrem Urteil über die Arbeitspersönlichkeit von ihren eigenen Erfahrungen innerhalb der Berufswelt haben leiten lassen. Auf einer Skala von 1 (= „gar nicht") bis 7 (= „äußerst stark") konnten die Befragten differenziert bewerten, „in welchem Maße die einzelnen Merkmale ausgeprägt sein müssen, um den Anforderungen der Arbeitswelt gewachsen zu sein".

Es ist feststellbar: *Alte Arbeitstugenden* wie Fleiß und Pflichterfüllung *behalten ihre Bedeutung* im Arbeitsleben. Um den Anforderungen der Arbeitswelt gewachsen zu sein, können Arbeitnehmer auch in Zukunft auf traditionelle Wertmuster im Arbeitsleben nicht verzichten. Diese Erfahrung muß auch und gerade die jüngere Generation machen. Es wächst eine Arbeitnehmer-Generation heran, die genauso fleißig und ehrgeizig, pflicht- und leistungsbewußt ist wie frühere Generationen auch. Neu hinzu kommt ein starkes *Selbstbewußtsein zwischen Selbständigkeit und Selbstvertrauen*.

In die Zukunft projiziert ergibt sich das *Bild einer neuen Arbeitspersönlichkeit*, die vom Wertewandel der letzten Jahrzehnte gezeichnet ist: *Selbständigkeit* entwickelt sich – in Verbindung mit Selbstvertrauen – zur wichtigsten Arbeitstugend der Zukunft. Die neue Arbeitspersönlichkeit wird eine starke Persönlichkeit sein. Weil sich Fachkenntnisse immer schneller überleben, werden persönlichkeitsbezogene Kompetenzen als Anforderung an die Arbeitswelt der Zukunft immer bedeutsamer. Der „Abhängig Beschäftigte“ kann dann nicht mehr Leitbild sein. Der „Neue Selbständige“ ist gefragt, der sich nicht in jedem Fall selbständig machen muß, um selbständig zu sein. Doch sein persönlicher und unternehmerischer Freiraum am Arbeitsplatz wird immer größer. Der Neue Selbständige schafft sich sein Arbeitsfeld weitgehend selbst und gestaltet es nach eigenen Vorstellungen. Er wird zum *Unternehmer am Arbeitsplatz*, weshalb auch die Funktion des Betriebsrats langfristig neu bestimmt werden muß.

Arbeitnehmer, die Ideen und Mut haben, müssen sich selbst zunehmend *auch als Unternehmer verstehen*. Auf dem Weg in das 21. Jahrhundert reicht es nicht mehr aus, wenn nur acht Prozent der Berufstätigen selbständig sind. Arbeitnehmer müssen daher selbst etwas unternehmen, d.h. auch zu Existenzgründern werden und sich ihre neuen Arbeitsplätze teilweise selber schaffen. Die Erfahrung lehrt: Jeder Existenzgründer schafft im Durchschnitt vier bis fünf weitere Arbeitsplätze. Nur so hat die bezahlte Arbeit in den westlichen Wohlstandsländern noch eine Wachstumschance.

2.7 Arbeitsformen der Zukunft

Das veränderte Anspruchsniveau der hochqualifizierten Wissensarbeiter von morgen wird auch zur Ausprägung neuer Arbeitsformen führen:

* Spaß-Arbeit
* Sinn-Arbeit
* Geld-Arbeit
* Status-Arbeit
* Zeit-Arbeit.

Variante I: Die Spaß-Arbeit

Spaß löst immer mehr den Wert Pflicht ab. Bert Brechts Aussage in den „Flüchtlingsgesprächen“ („Arbeit ist alles, was keinen Spaß macht“) gilt in Zukunft nicht mehr. Im Zuge des Anspruchswandels darf, ja muß Arbeit wieder Spaß machen. Stärker als Geld wirken persönliche Herausforderungen zur Eigenaktivität, die Spaß machen und das Selbstwertgefühl stärken. Das Wohlfühlen der Mitarbeiter und das Wohlergehen des Unternehmens hängen unmittelbar zusammen. Gerade weil die Arbeit immer höhere Anforderungen an die Mitarbeiter stellt, wollen sie ihre Freude an der Arbeit nicht verlieren, *Arbeit nicht nur als Fron, sondern auch als ‚Fun‘ erleben.*

Variante II: Die Sinn-Arbeit

„Mehr Gewinn durch mehr Sinn“ – dies kann auch für die Unternehmensphilosophie der Zukunft gültig sein. Gegen Leistungsverweigerung und innere Kündigung werden mentales Persönlichkeitstraining und innere Befriedigung im Team gesetzt. Mitarbeiter wollen stolz auf sich und ihre Arbeit sein, sich nicht nur für die *Produkt-Qualität*, sondern auch für die *Ethik-Qualität* des Produzenten verantwortlich fühlen. Die künftige Leistungsmotivation der Mitarbeiter resultiert wesentlich aus dem Faktor Sinn. Die Honorierung mit mehr Sinn wird genauso wichtig wie die Honorierung mit mehr Geld. Die künftige Arbeitnehmer-Generation erwartet Sinn in der Arbeit und nicht nur bloße Beschäftigung. Sinn sagt etwas darüber aus, warum man etwas macht.

Variante III: Die Geld-Arbeit

Lohn und Einkommen sind nach wie vor eine wichtige Voraussetzung für Arbeitszufriedenheit. Materielle Vergütungen bleiben zur Sicherung des Lebensunterhalts unverzichtbar. Zudem sind sie auch ein Ausdruck der sozialen Eingliederung in den Betrieb: Je höher die Position – desto höher die Bezahlung. Die Einkommenshöhe ist immer auch ein Spiegelbild des eigenen Stellenwerts innerhalb der Betriebshierarchie. Und sie sorgt für den Lebensunterhalt und die Sicherung des Lebensstandards. Dies erklärt auch, warum Arbeiter weiterhin so großen Wert auf ein höheres Einkommen legen.
Im Hinblick auf die wachsende Arbeitsplatzunsicherheit und die offenen Fragen der sozialen Sicherung (z.B. Erhaltung des Lebensstandards, Altersvorsorge) muß in Zukunft über neue Geld-Anreize nachgedacht werden, z.B. durch Mitarbeiterbeteiligung am Vermögen des Unternehmens („Belegschaftsaktien“). Der *Arbeit-Nehmer als Teil-Haber*, der am Firmenkapital beteiligt ist und darüber mitbestimmen kann, kann ein neues Leitbild für die Zukunft werden.

Variante IV: Die Status-Arbeit

Aus der Arbeitspsychologie ist bekannt, daß die eigentlichen Motivatoren für Arbeitsleistungen und Arbeitszufriedenheit immer weniger durch Status oder Aufstiegsmöglichkeiten bestimmt werden. Nur mehr ein Drittel der Arbeitnehmer sieht in Aufstiegs- und Karrierechancen einen Anreiz zu mehr Leistung. Lediglich bei Leitenden Angestellten und höheren Beamten hat „Karriere“ noch einen besonderen Stellenwert, weil Karriere und Führungsposition beinahe deckungsgleich sind.

Variante V: Die Zeit-Arbeit

Die zurückliegenden Jahrzehnte sind wesentlich eine *Phase der „Geldkultur“* (Thorstein Veblen) gewesen, die vom Geldverdienen und Geldausgeben bestimmt war. Nach dieser Epoche der bezahlten Arbeit und Geldentlöhnung zeichnet sich eine *Phase der Zeitkultur* ab, in der die Menschen nicht mehr nur wissen wollen, „wovon“ sie leben, sondern auch Antworten darauf haben wollen, „wofür“ sie leben. Gerade für Führungskräfte gilt: mehr Geld allein erscheint wertlos, wenn nicht gleichzeitig auch mehr Zeit „ausgezahlt“ wird. Der Mitarbeiter von morgen will *mit Zeit-Optionen leben* – mit der Flexibilisierung der Arbeitszeiten ebenso wie mit der Flexibilisierung der Öffnungszeiten von Läden, Behörden und Praxen, von Freizeit-, Kultur- und Bildungseinrichtungen.

Die erstarrte Zeitordnung, nach der alle zur gleichen Zeit dasselbe tun sollen, ist überholt. In Zukunft gilt, was vor zwanzig Jahren noch eine utopische Forderung war: „Verpflichtende Zeitpläne müssen durch dynamische Zeitpläne ersetzt werden“ (Opaschowski 1974, S. 31), bei denen nur einige wenige Stunden festgelegt, die übrigen aber variabel und frei einteilbar sind. Zeitsouveränität statt Zeitdisziplin, Flexibilisierung statt Normierung heißt die Forderung für die Zukunft. Protestantisch-preußische Zeitpläne gehören der Vergangenheit an. Der zeitsouveräne Arbeitnehmer von morgen will *frei und selbständig über Zeit-Eigentum verfügen.* Seine Schlüsselfragen bei Einstellungsgesprächen lauten:

* Welche persönlichen Entfaltungsmöglichkeiten habe ich?
* Welche Spielräume zum Gestalten und Handeln bietet mir der Job?
* Und wie groß sind meine Freiräume – von der selbständigen und eigenverantwortlichen Tätigkeit bis hin zur freien und flexiblen Regelung der Arbeits-, Frei- und Urlaubszeiten?

In Zukunft wird mehr nach Arbeitsinhalten und Verantwortung gefragt – eine große Herausforderung für die Unternehmen. Denn für viele Arbeitstätigkeiten wird es strukturelle Grenzen der Gestaltbarkeit geben, auch ökonomische Grenzen – wenn z.B. eine Arbeitsplatzqualität so erhöht wird, daß sie für ein Unternehmen kaum mehr bezahlbar bzw. zu teuer wird. Die sich abzeichnenden neuen Anforderungen an die Arbeitswelt von morgen werden Mitarbeitern und Unternehmen gleichermaßen zugutekommen:

* Spaß-Arbeit fördert die Motivation.
* Geld-Arbeit fördert den Fleiß.
* Sinn-Arbeit fördert die Identifikation.
* Zeit-Arbeit fördert die Zufriedenheit.
* Status-Arbeit fördert das Erfolgserleben.

Belohnung definiert sich in Zukunft nicht mehr nur über den Faktor Geld. Infolgedessen wird eine *qualifizierte Tarifpolitik* eine immer größere Bedeutung bekommen, bei der es – neben Geld – auch um Spaß, Sinn, Zeit und Status geht. Nach neuen Zielen und anderen Prioritäten muß dann Ausschau gehalten werden. Wer die ständig zunehmende Leistungsdichte am Arbeitsplatz registriert, weiß sehr wohl, daß sie nur über eine neue Leistungslust erreichbar ist – über neue Gratifikationen, mehr Frei- und Spielräume, mehr Wahlmöglichkeiten und mehr Freude an der Arbeit. Das aber ist weitgehend tarifpolitisches Neuland für die Zukunft.

Und die Führungskraft der Zukunft wird sich vom Vorgesetzten zum Coach, vom Moderator zum Motivator, vom Kontrolleur zum Animateur wandeln müssen, der die Mitarbeiter durch seine eigene Person motivieren kann und für Betriebsklima und Stimmungslage im Unternehmen verantwortlich ist. Eine seiner wesentlichen Aufgaben wird es sein, die Arbeitsfreude der Mitarbeiter zu fördern oder zumindest ihnen den Spaß an der Arbeit nicht zu verderben. Die Führungskraft von morgen muß der hochmotivierteste Mitarbeiter sein, der sich und andere inspirieren kann. Die Motivations-, ja Animationsfähigkeit wird zu einer sozialen Führungskompetenz von höchster Priorität.

3. Die Lern-Arbeit

Zur Erwerbs-Arbeit gesellt sich in Zukunft eine zweite Arbeitswelt: die Lern-Arbeit. Sie ist wesentlich darauf gerichtet, das „menschliche Dilemma" zu überwinden. Mit dem Begriff „menschliches Dilemma" umschreibt Aurelio Peccei, der Gründer des Club of Rome, die wachsende Diskrepanz zwischen der zunehmenden Komplexität unserer Lebensbedingungen und der „nur schleppenden Entwicklung unserer eigenen Fähigkeiten" (Peccei 1979, S. 25). Viele Menschen reagieren bisher äußerst irritiert und viel zu langsam auf die Wellen der gesellschaftlichen Veränderung. Ihre *Lernfähigkeit* kann mit dem schnellen technologischen Wandel kaum Schritt halten. In dieser Situation erweist sich Lern-Arbeit als Lebenshilfe, wobei „Lernen" weit über das Verständnis von Erziehung, Ausbildung und Schule hinausgeht. Lernen wird mehr als *lebensbegleitender Prozeß* gesehen: Von den Lern-Erfahrungen des täglichen Lebens bis zum systematischen Trainieren und Erwerben neuer Fertigkeiten und Verhaltensweisen. Lern-Arbeit befähigt zum Handeln in neuen Situationen, hat innovativen Charakter und verwirklicht partizipative Ziele (z.B. aktivere Beteiligung am Gemeindeleben).

Die Lern-Arbeit als neuer Arbeitssektor des 21. Jahrhunderts ist kein Luxus, sondern Lebensnotwendigkeit. Lern-Arbeit sichert vorhandene Arbeitsplätze, *Lern-Arbeit schafft auch neue Jobs*. Und Lern-Arbeit sorgt für mehr

Lebensqualität. Als *lebensbegleitende Weiterbildung* qualifiziert Lern-Arbeit für

1. Erwerbsarbeit und multiple Beschäftigungsverhältnisse („Learning by the job")
2. Neue Selbständigkeit und Existenzgründung („Learning by doing")
3. Ehrenamtliche Arbeit und Gesellschaftsarbeit („Service-learning")
4. Persönlichkeitsentwicklung und Identitätsfindung („Life-long-learning").

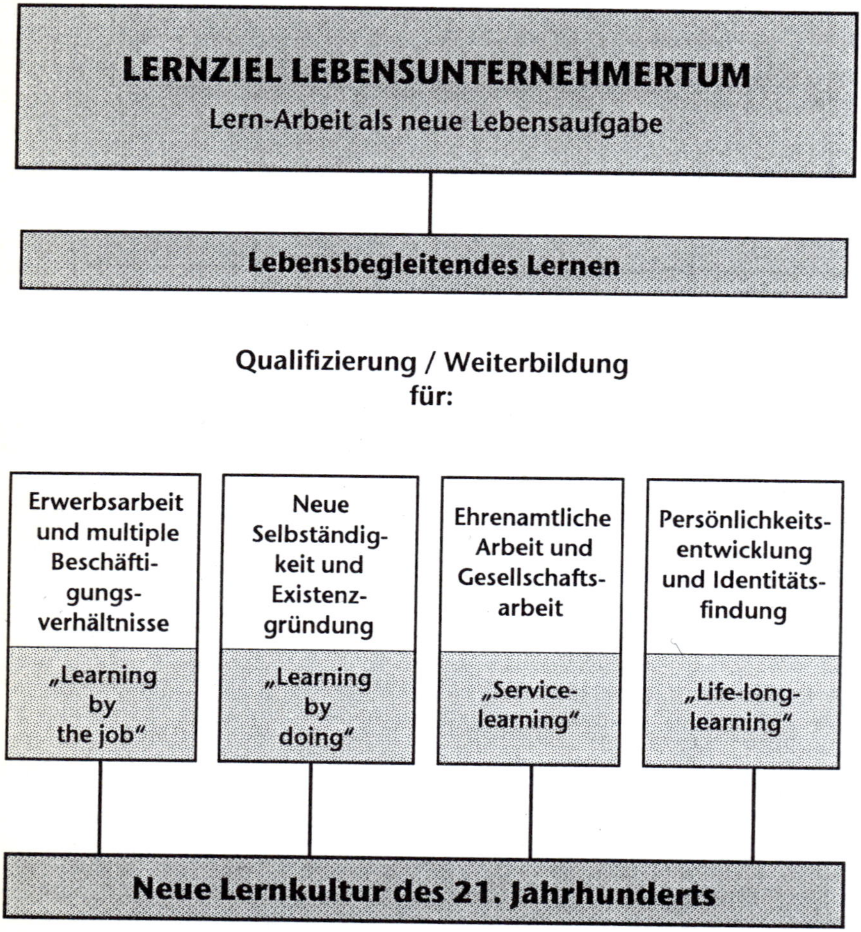

Lern-Arbeit schafft Wissen und Information für alle Lebensbereiche und alle Lebensphasen von der Kindheit bis ins hohe Alter. Idealiter ist Lern-Arbeit Lebensbegleitung, Lebensaufgabe und Lebenselixier zugleich.

Für immer mehr Menschen steht das Leben nicht mehr unter dem Diktat der Erwerbsarbeit. Und mit der zunehmenden Flexbilisierung der Arbeitszeit gerät auch die alte Zeitordnung ins Wanken. Arbeitnehmer können, ja müssen ihre gesamte Lebenszeit neu planen, weil es immer weniger durch betrieblich festgelegte Arbeitszeiten determiniert oder diszipliniert wird. Viele entdecken das *Leben nach der Arbeit* neu, d.h. sie sind „frei für neue Möglichkeiten: für Vergnügen, für politische Tätigkeit, für Bildung“ (Giesecke 1983, S. 9).

Die Vorbereitung auf einen immer größer und bedeutender werdenden Teil des arbeitsfreien Lebens mit Medien und Konsum, Unterhaltung und Geselligkeit, Politik und sozialem Engagement zwingt zu Neuorientierungen in der Bildungspolitik. Die dafür nötige Bildungsreform steht allerdings noch aus.

Der Paradigmenwechsel von einer Arbeitsgesellschaft (die lebte, um zu arbeiten) zu einer Lebensgesellschaft (die arbeitet, um zu leben) stellt alle Gesellschafts- und Bildungstheorien infrage, die seit Marx um den Begriff der Arbeit zentriert waren.

Dieser Wandel kann auch eine Bildungs-Chance für die Zukunft sein. Eine zukunftsorientierte Bildungspolitik darf die Menschen mit ihrem wachsenden *Wunsch nach Lebensoptimierung* nicht allein lassen.

Die *Lern-Arbeit als Arbeits- und Lebenswelt* zugleich wird nicht ohne Auswirkungen auf das schulische Lernen bleiben. Beide, das Lernen im Schul-Unterricht und die außerschulische Lern-Arbeit, können im 21. Jahrhundert nicht mehr von einem festen, geschlossenen Wissenskanon ausgehen und auf Lernergebnisse im Sinne der Reproduktion überprüfbaren Wissens konzentriert sein. Die *Lernkultur des 21. Jahrhunderts* zielt vielmehr darauf, „in den Lernzusammenhängen Identitätsfindung und soziale Erfahrung zu ermöglichen“ (Bildungskommission NRW 1995, S. XIV). Genauso wichtig wie das fachliche wird das überfachliche Lernen, also die Verknüpfung individueller und sozialer Erfahrungen, des Praxisbezugs und der Einbeziehung des gesellschaftlichen Umfeldes. Für die neue Lern-Arbeit ist Bildung mehr ein Können als ein bloßes Sich-Auskennen. Lern-Arbeit gleicht einem Entwicklungsprozeß, in dem eigene Lebens-Sinnbestimmungen gefunden und verwirklicht werden.

Mit „Lernkultur“ ist ein Begriff gemeint, der in zukunftsorientierten Konzepten der Erwachsenenbildung durchaus Akzeptanz findet (vgl. Faulstich 1990), wenn auch nicht übersehen werden darf, daß der fast inflationäre Gebrauch des Wortes (vgl. z.B. „Konsumkultur“, „Unternehmenskultur“, „neue Kultur der Selbständigkeit“) bestimmte Risiken birgt. Immer aber verweist der Kulturbegriff auf eine qualitative Dimension als Teil von Lebensqualität.

Das Lernziel der Zukunft heißt Lebensunternehmertum: Der Arbeitnehmer als Leitfigur des Industriezeitalters wird zunehmend abgelöst von einer Persönlichkeit, die gegenüber dem eigenen gesamten Leben eine unternehmerische Grundhaltung entwickelt – im Erwerbsbereich genauso wie bei Nichterwerbstätigkeiten. Prononciert: Jeder sein eigener Unternehmer!

Dies kann, wie der schweizerische Sozialforscher Christian Lutz überzeugend belegt, je nach Lebenssituation bedeuten, daß z.B. einmal dem Partner, den Kindern oder einem sozialen Engagement das Hauptgewicht gewidmet wird, „während zu einem anderen Zeitpunkt die gesamte Energie in den beruflichen Erfolg einfließt“ (Lutz 1997, S. 133). Diese Grundhaltung weist auch auf die Berechtigung des Begriffs Lern-"Arbeit“ hin – auf eine Leistung also, die unterschiedliche soziale Funktionen miteinander zu verbinden weiß. Der Lebensunternehmer von morgen findet in der eindimensionalen Berufslaufbahn keine persönliche Erfüllung mehr.

Die Bildungspolitik kommt daher in Zukunft ohne eine radikale Bildungsreform nicht mehr aus. Wenn Menschen von früher Kindheit an lernen sollen, *ihr Leben selbst in die Hand zu nehmen*, dann kann auch „nicht mehr nur das Berufsbild im Zentrum der Ausbildung stehen“ (Beck 1997), zumal der lebenslange Beruf zu einer aussterbenden Gattung wird. Die neue Lern-Arbeit sprengt den Rahmen einer zu engen Berufsorientierung, die sich bisher nur als Bedarfsorientierung an den Arbeitsmarkt verstand. Lern-Arbeit hingegen vermittelt neue Schlüsselqualifikationen im Sinne von *Lebenskompetenzen*: Existenzbewältigung, Eigeninitiative, Urteils-, Team- und Konfliktfähigkeit. Die der Lern-Arbeit zugrundeliegende Bildungswissenschaft muß zur Lebenswissenschaft werden.

Auf dem Weg in das 21. Jahrhundert, in dem jeder zweite Bundesbürger über 50 Jahre alt sein wird, ist die *Qualifizierung für die nachberufliche Lebensphase* notwendiger denn je. Vorstellbar ist ein Lern-Konzept, das der außerberuflichen Interessenfindung dient, also Antworten darauf gibt, wie man jenseits der Erwerbsarbeit die neue Lebensphase sinnerfüllt planen und gestalten kann (= nachberufliche Lebensplanung). Eine solche Qualifizierung muß eine Mischung aus Kompetenzanalyse und Interessentest, Kommunikationstraining und persönlichem Coaching sein – von Seminar-Angeboten bis zu Online-Diensten.

Unsere Leistungsgesellschaft hat sich in den letzten hundert Jahren den Luxus leisten können, den ganzen Menschen aus dem Blick zu verlieren, weil sich der einzelne wesentlich in und durch Erwerbsarbeit verwirklichte. Jetzt, da die Erwerbsarbeit nicht mehr für alle und vor allem nicht mehr für ein ganzes Leben zur Verfügung steht, müssen sich die Menschen wieder auf sich selbst besinnen lernen. Hieraus leitet sich die Legitimation für eine neue Lern-Arbeit ab: Lebensbegleitende Vermittlung von Kompetenzen für den sozial und kulturell immer bedeutsamer werdenden erwerbsfreien Teil des Lebens.

Wenn der Arbeitsgesellschaft die Arbeit ausgeht und ein Mehr an arbeitsfreier Zeit (in welcher Form auch immer) für alle Bevölkerungsgruppen unausweichlich erscheint, müssen das „Zwangs"lernen in der Schule und die „abhängige“ Beschäftigung in Ausbildung und Beruf qualitativ verändert werden, d.h. mehr Freiwilligkeitscharakter annehmen und mehr individuelle Dispositions- und Flexibilitätsspielräume vorsehen. Was man bisher in Schule und Beruf vor allem lernte, war abhängige Beschäftigung. Und was man von Fernsehen und Freizeitindustrie lernen konnte, waren überwiegend Passivität und Zeitvertreib. Die Einübung von Selbständigkeit und Eigeninitiative blieb der Familie oder dem Zufall überlassen.

In einer künftigen Gesellschaft, in der die Menschen mehr mit sich und ihrem Leben etwas anfangen müssen, ist es nicht damit getan, wenn sie lernen, sich selbst zu ertragen und mit der eigenen Langeweile zu arrangieren. Über das subjektive Erleben hinaus bekommt Langeweile dann objektiven Charakter: Die Gesellschaft als Ganzes ist betroffen. Die sozial-psychologische Betrachtungsweise der Langeweile wird notwendig um bildungspolitische Dimensionen erweitert werden müssen.

In einer Gesellschaft ohne Vollbeschäftigung werden sich nur persönlichkeitsstarke Menschen behaupten können. Menschen also, die nicht resignieren, wenn sie nicht mehr gebraucht werden (z.B. Arbeitslose, Vorruheständler), sondern bereit und in der Lage sind, sich neue Lebensziele zu setzen und neue Lebensaufgaben, die Sinn haben und Spaß machen, zu übernehmen. Mehr als je zuvor werden menschliche Fähigkeiten gefordert sein.

Lern-Arbeit wird in Zukunft Identitäts-Arbeit sein, sich also nicht nur auf Berufsqualifizierung beziehen, sondern gleichermaßen auch Persönlichkeitsentwicklung und damit Hilfe zur Identitätsfindung sein („Life-long-learning“).

Arbeitszeitverkürzung, mehr frei disponible Lebenszeit und höhere Lebenserwartung bewirken, daß das *lebensbegleitende Lernen* immer weniger auf den speziellen Job und zunehmend mehr auf das private und öffentliche Leben ausgerichtet sein werden.

In dem Anfang 1982 veröffentlichten Bericht an den Club of Rome, der sich mit den gesellschaftlichen Auswirkungen der Mikroelektronik befaßt, wird ein *Modell der fortwährenden Weiterbildung* (1982, S. 364) vorgeschlagen, bei dem sich Arbeit, Freizeitbeschäftigung und Fortbildung ein ganzes Leben lang abwechseln sollen. Dazu sollen neue Lehr- und Vermittlungsmethoden entwickelt werden, die das ständig *rollierende System von manueller Arbeit, praktischer Beschäftigung und theoretischem Unterricht* in Bewegung bringen und halten. Die Ausarbeitung des komplizierten Lehrplans soll „zuständigen Expertengruppen" (S. 365) obliegen – ein organisatorisch und finanziell ungeheuer aufwendiges Modell, das zudem die Gefahr einer Reglementierung des gesamten Lebens heraufbeschwört und der Freiwilligkeit des einzelnen enge Grenzen setzt. Das Modell vermittelt den Eindruck eines relativ rigiden Leistungssystems, das dem einzelnen – z.B. für die Aufstellung eines individuellen Lebensplanes – zu wenig Handlungsspielräume läßt.

Ein Teilgedanke des Club-of-Rome-Konzepts bleibt jedoch bedenkens- und realisierungswert: Die Lern-Arbeit in Form einer fortwährenden Weiterbildung außerhalb von beruflichen Verwertungsabsichten in einer

* motivationalen Mischung aus Freiwilligkeit, Spaß und Interesse und einer
* inhaltlichen Kombination von Komunikationsförderung, Kreativitätstraining und Persönlichkeitsbildung.

Diese neue Form außerschulischer und außerberuflicher Bildung knüpft durchaus an ältere Bildungskonzepte wie z.B. die „Freizeitkulturelle Bildung" (vgl. Opaschowski 1976) an, die frei bleibt von äußerem Leistungsdruck und auch nicht an den Nachweis bestimmter Leistungen gebunden ist. In dem Maße, in dem eigenschöpferische Fähigkeiten in der Arbeitswelt nicht mehr zur Geltung kommen, wächst die Bedeutung einer solchen Bildung. In der Bildungspolitik wird sie als *freizeitorientierte, vorrangig die Kreativität, die Kommunikation und die Partizipation fördernde Bildung* definiert, die insbesondere im Nahbereich der Bürger – in Wohnquartier, Stadtteil und Innenstadt – zu verwirklichen ist. Dazu gehören Spiele, Feste und Feiern, Trainingskurse für Musik, Malen und Theater, Interessengruppen, Sommerakademien und Ferienaktionen.

Damit die Lern-Arbeit ein ganzes Leben lang als *Weiter*-Bildung von breiten Schichten der Bevölkerung (insbesondere Nichterwerbstätigen) dort praktiziert werden kann, wo sie wohnen und leben, müssen *neue Lernorte im Wohnumfeld* geschaffen und von einer dezentralen Kultur- und Bildungspolitik organisatorisch unterstützt und finanziell gefördert werden. Die traditionellen Volkshochschulen müssen sich zu *Lernakademien* mit besonderen organisatorischen und konzeptionellen Merkmalen weiterentwickeln:

* Auch geöffnet zu Zeiten, da die meisten anderen Bildungseinrichtungen geschlossen sind (z.B. Wochenende, Feiertage, Ferien- und Urlaubszeit).
* Keine verzweckte Weiterbildung im Sinne unmittelbar beruflicher Verwertbarkeit.
* Offenes Angebot für jung bis alt.
* Zeitlich unbegrenzte Teilnahme (Langzeit-Perspektive, keine Kurzzeit-Kurse).
* Durchlässigkeit im Kursangebot; Kurswechsel jederzeit möglich.
* Nicht nur Beschäftigung für den Augenblick, auch Anregungen und Möglichkeiten zum Selber-Weitermachen und Weiter-Lernen.

Um insbesondere bisher bildungsungewohnte Bevölkerungsgruppen auch psychisch und sozial, also mit ihren primären Bezugsgruppen Familie/ Nachbarschaft/Freundeskreis zu erreichen, bedarf es *animativer Bildungsangebote im Wohnumfeld*. Dazu sind wohnungsnahe Bildungsangebote unmittelbar vor der Haustür bzw. um die Ecke zu entwickeln – also dort, wo die Zielgruppen den größten Teil (über 70 Prozent) ihrer Zeit verbringen, wo sie Zeit für einander haben, sich freiwillig und zwanglos betätigen können, aber nichts tun müssen. Haupt-, neben- und ehrenamtliche Lern-Mentoren und -Animatoren werden und müssen dabei behilflich sein.

Lern-Arbeit als neuer Arbeitssektor heißt: *Die Zukunft lernen* – auch im Sinne des von dem amerikanischen Sozialforscher Jeremy Rifkin geforderten „Service Learning“ (Rifkin 1997, S. 246). Ein solches Dienst-Leistungs-Lernen müßte von früher Kindheit an für gemeinnützige Dienstleistungen qualifizieren, d.h. Schüler müßten einen Teil ihrer Schul-Zeit als *Lern-Arbeit bei Non-profit-Organisationen* verbringen. Auf diese Weise würden Kinder frühzeitig lernen, daß die Produktion von humanem sozialem Kapital genauso wichtig wie die Erzeugung von wirtschaftlichem oder staatlichem Kapital ist.

Für die Zukunft reichen die klassischen Bildungs-Institutionen Schule und Volkshochschule nicht mehr aus. Ihre arbeitsähnlichen Strukturen und ihr Pflichtcharakter sind nicht motivierend genug. In einer Mischung aus Bildungsclub und Kulturladen, Werkstatt und Kommunikationszentrum müssen neue Lern-Arbeitsstätten entwickelt werden, sozusagen *freie Lern-Clubs* mit freiwillig tätigen Animatoren.

Bei der Entwicklung von didaktischen Konzepten für die neue Lern-Arbeit sollten erlebnispädagogische Erfahrungen einfließen (vgl. Heckmair/ Michl 1994, S. 211 f.):

* Lern-Arbeit ist *Lernen durch Tun* und Handlungsorientierung, bei dem der Prozeß und das Unterwegssein besonders wichtig sind.
* Lern-Arbeit ist *Lernen durch Erleben*. Durch Erleben und Erlebnisse kann besser und nachhaltiger gelernt werden. Der Zusammenhang von

Handeln und Wirkung, Verhalten und Erfolg wird dadurch eher erfahrbar.

* Lern-Arbeit ist *Lernen durch die Sinne* – als Kontrast zu Erfahrungen aus zweiter Hand. Ein unmittelbares Lernen durch Sehen, Hören, Riechen, Schmecken, Tasten ...
* Lern-Arbeit ist freiwilliges *Lernen durch Muße* – auch als Gegenbewegung zur immer stärkeren Beschleunigung aller Lebensbereiche. Schöpferische Pausen können zur (Wieder-)Entdeckung der Langsamkeit und zur Entschleunigung des Lebens beitragen.

Die Lern-Arbeit im 21. Jahrhundert wird sich von folgenden Grundsätzen leiten lassen müssen:

1. Sie ist *motivational* im Erwartungshorizont des persönlichen Erlebens anzusiedeln. Der Zugang zur Bildung von der Motivation her ist nahezu der einzige Weg, der den Menschen keine Überwindung abverlangt. Wenn Bildung als Erlebnis wiederentdeckt wird, wird sich auch Lernen mit Lust von selbst entwickeln.

2. Sie muß sich *inhaltlich* – wenn sie Menschen ansprechen und erreichen will – an Merkmalen wie Selbst-Aktiv-Sein/Spontaneität/ Sozialkontakt/ Sichentspannen/Spaß orientieren.

3. Sie muß *aktivierend-kreativierende Handlungskonzepte* entwickeln, die zur Überwindung passiv-konsumtiver Lebenshaltungen beitragen. Sie muß den wachsenden Aktivitäts-, Gestaltungs- und Entfaltungswünschen der Menschen Rechnung tragen.

4. Sie muß sich als *Transfer-Medium* für Lebensstilbereicherungen verstehen, d.h. vorhandene oder bereits tendenziell erkennbare Lebensstile langfristig um neue Dimensionen bereichern.

5. Sie muß konsequent als *Innovationsaufgabe* für neue Problemlösungen und Lebenskonzepte realisiert werden und
   * alte Lebensgewohnheiten überdenken,
   * eigene Interessen entdecken,
   * neue Freizeitaktivitäten kennenlernen und
   * neue Lebensperspektiven entwickeln helfen.

6. Sie muß – wenn sie erlebnisbezogene Botschaften vermitteln will – in der didaktischen Arbeit zur Animationsarbeit werden, also Ermutigung und Motivierung, Anregung und Aktivierung, Anleitung und Förderung immer mit einschließen. Die Lernkonzepte der Zukunft werden *Animationskonzepte* sein müssen.

Die Bildungspolitik wird ihr Selbstverständnis neu definieren müssen. Bildung muß in Zukunft wieder ganzheitlicher verstanden werden. Die bildungspolitische Herausforderung der Lern-Arbeit kann nur heißen: *Lernziel Leben* bzw. *Lernziel Lebensunternehmertum.* Zum Lernziel Leben gehört in Zukunft insbesondere die *Stärkung der Solidaritätsfähigkeit* (vgl. Klafki 1985). Solidarität ist bisher immer mehr ein programmatisches Lebensprinzip und weniger eine realisierte Lebensgewohnheit gewesen. Dieses Manko können sich viele Menschen in Zukunft nicht mehr leisten. Weil es immer weniger Familien mit Kindern gibt, werden die Familien- und Verwandtschaftsnetze kleiner – im gleichen Maße, wie der Anteil der Alleinstehenden im höheren Lebensalter größer wird. Es ist doch höchst fraglich, ob in Zukunft sogenannte „Lebensabschnittspartner" zu gleichen Hilfeleistungen bereit sind wie die Partner in einer ehelichen Lebensgemeinschaft. Die Menschen in der künftig älter werdenden Gesellschaft müssen also mehr als bisher kompetent und in der Lage sein, *sich eigenständig soziale Netze aufzubauen.*

Mit den schrumpfenden familialen Netzen nehmen auch die Verwandtschaftshilfen z.B. im handwerklichen Bereich ab. Die Menschen müssen daher in Zukunft frühzeitig *Do-it-yourself-Kompetenzen* erwerben, weil andernfalls handwerkliche Dienstleistungen nur professionell erbracht werden können bzw. gegen Bezahlung eingekauft werden müssen. Es wird daher unerläßlich sein, *das natürliche Hilfs- und Solidarisierungspotential zu aktivieren*, damit Nachbarn und Freunde als freiwillige Helfer gewonnen werden können. Aus der möglichen Hilfsbereitschaft muß eine tatsächliche werden. Dafür spricht auch, daß z.B. drei Viertel der Jugendlichen heute der Auffassung sind, die Menschen sollten sich „gegenseitig mehr helfen" und nicht alle sozialen Angelegenheiten einfach dem Staat überlassen (IFEP 1995). Eine ausgeprägte Hilfsbereitschaft wird damit zu einer der wichtigsten Lebenskompetenzen der Zukunft, die von früher Kindheit an entwickelt werden muß.

Auch generationsübergreifende *Selbsthilfegruppen* müssen stärker gefördert werden, wenn Kommunikation und Mitmenschlichkeit nicht auf der Strecke bleiben sollen. In den nächsten Jahren bekommen informelle soziale Kontakte eine größere Bedeutung als formelle, wie sie z.B. in einer Vereinszugehörigkeit gegeben sind. Denn die Bereitschaft, sich in einem Verein oder einer Organisation längerfristig zu engagieren, geht immer mehr zurück, während gleichzeitig die Zahl der passiven Mitglieder in Vereinen und Organisationen zunehmend größer wird. *Sozial aktiver und solidarischer leben lernen* wird eine der wichtigsten Voraussetzungen für individuelles Wohlbefinden und gesellschaftliche Lebensqualität im 21. Jahrhundert.

Vielleicht heißt Solidarisierung in Zukunft einfach nur: *mehr Gemeinsamkeit* (und weniger Egoismus), weil sich eine „Gesellschaft der Ichlinge" (Beck 1997) kaum zu einer sozialen Leistungsgesellschaft weiterentwickeln kann. Andererseits werden wir uns wohl von dem hohen Solidaritätsideal verabschieden müssen. Das soziale Optimum der Zukunft wird eher eine *pragmatische Solidarisierung* nach dem Prinzip „do ut des“ sein: Ich helfe dir, damit auch mir geholfen wird.

Heiner Keupp nennt diese Art von kalkulierter Hilfsbereitschaft einfach „kommunitäre Individualität": Ich gebe mich notwendigerweise solidarisch, um weiter frei und unabhängig leben zu können. Für die Zukunft zeichnet sich dann ein neuer Typus von Solidarität ab, der von Pflichtgefühl oder „moralisch aufgeladenem Helferpathos“ (Keupp 1995) herzlich wenig wissen will. Aus der Not oder Notlage heraus geboren schließen sich Individuen zu einem sozialen Netzwerk zusammen – auf Abruf und jederzeit kündbar, wenn die Geschäftsgrundlage (= Notlage) entfällt. Das Netzwerk wird zum *Beistandspakt auf Zeit*. Der sich international ausbreitende Kommunitarismus (vor allem in den USA) ist eigentlich nichts anderes als ein *sozialer Egoismus*.

Vielleicht entwickelt sich Solidarität wieder zu dem, was sie ursprünglich in der europäischen Arbeiterbewegung des 19. Jahrhunderts einmal war: Zu einer *Erfahrung des Aufeinander-Angewiesenseins*, bei der sich Eigen- und Gemeinnutz miteinander verbinden und weniger eine Frage von Pflicht und Moral, Fürsorge und Nächstenliebe sind (vgl. BUND 1996, S. 278). Mehr Bestand und Verläßlichkeit könnten Hilfsbereitschaft und Solidarisierung erst dann bekommen, wenn sie gesellschaftlich aufgewertet und als Gemeinschafts-Arbeiten (vgl. Kap. III/6) entsprechend anerkannt und honoriert würden.

Die neue Leistungsgesellschaft wird eine Arbeits- *und* eine Lerngesellschaft bzw. Wissensgesellschaft sein, in der es vielleicht „Fitness-Studios für Lernen“ (Nahrstedt 1997, S. 67) genauso geben wird wie das „Night-Club"-Lernen oder die „Frühstücks-Volkshochschulen“ (Hass 1997, S. 175). Weil die Zeitblöcke von Arbeit und Freizeit durcheinander geraten, wird sich auch die Volkshochschule der Zukunft von der überwiegend reinen Abendschule zum Rund-um-die-Uhr-Lernort wandeln müssen. Vormittagsveranstaltungen, Wochenendangebote und Wochenkurse werden an Bedeutung gewinnen. *Zeitflexible Lern-Angebote* werden gefragt und nebenamtliche Kursleiter zunehmend überfordert sein. Kompakte Angebotsformen während der Woche oder am Wochenende übernehmen dann *eher freiberufliche Dozenten*, die mehr zeitliche Spielräume haben. Die Zukunft hat längst begonnen: Nachweislich geht der Anteil der Abendkurse kontinuierlich zurück, während Vormittagsangebote deutlich anwachsen (Brinkmann S. 85 ff.). Der späte Abend gehört der Medienzeit, der Familienzeit und der Ausgehzeit.

Die Lern-Arbeit der Zukunft wird wesentlich eine selbstorganisierte Angelegenheit sein – vor allem räumlich und zeitlich. Die Lern-Zeiten richten sich nach den individuellen Tagesabläufen der Lernenden. Eine große organisatorische Herausforderung für die Anbieter. Vielleicht gibt es schon bald den *Teletutor als neues Berufsbild*, der bei der „VHS GmbH“ (Meder 1997) seine Anstellung findet.

Japanische Verhältnisse zeichnen sich ab: Das japanische Erziehungsministerium hat Computerprogramme für Kindergartenkinder entwickeln lassen, die sich schon für Kinder ab dem 30. Lebensmonat eignen. Wer mit 30 Jahren Karriere machen will, muß mit drei Jahren das Training beginnen. „Frühförderung“ heißt das Motto des Telelernens für Kleinkinder (vgl. Nordhaus 1997, S. 197 f.). So stellen sich zwangsläufig Fragen wie: Stirbt das Zusammensein in der Lerngruppe? Heißt es Abschied nehmen von den Bildungsinstitutionen alten Typs? Gibt dann nur noch der „Transrapid des selbstgesteuerten Lernens“ (Jüchter 1997, S. 182) das Tempo und die Richtung an? Und was passiert mit denen, die bei der rasanten Fahrt auf den Lernautobahnen der Zukunft nicht mehr mitkommen? Können Familien-Arbeit und Gesellschafts-Arbeit soziale Ausgleichsfunktionen übernehmen?

4. Die Familien-Arbeit

Familienforschung und Familienpolitik verstehen heute unter *„Familie“* das Zusammenleben und/oder das getrennte Leben von

* Eltern mit kleinen, heranwachsenden und erwachsenen Kindern sowie von
* Erwachsenen mit ihren älteren und hochbetagten Eltern bzw. Enkelkindern mit ihren Großeltern.

Hierbei handelt es sich um ein weitgefaßtes Familienverständnis, bei dem die Familie über Kindheit und Jugend hinaus als soziale Gemeinschaft gilt. Denn zum ersten Mal in der Geschichte der Menschheit haben heute drei, vier oder gar fünf Generationen die Möglichkeit, am Leben der jeweils anderen teilzunehmen (vgl. Enquête Kommission 1994).

Im Unterschied zur Erwerbs-Arbeit wird die Familien-Arbeit bisher kaum als gesellschaftliche Arbeit bzw. Gemeinschafts-Arbeit wahrgenommen, weil sie überwiegend in der Privatsphäre geleistet wird. Sie wird lediglich als *informelle Arbeit* anerkannt (vgl. Kambartel 1993). Neuere Sozialforschungen weisen inzwischen nach, daß z.B. berufstätige Frauen in Familienhaushalten mit Kindern für Hausarbeits- und Kinderbetreuungszeiten mit durchschnittlich 37,3 Stunden in der Woche mehr Zeit investieren als in die Erwerbsarbeit (31 Stunden). Frauen kommen unter diesen Umständen auf höhere Gesamtarbeitszeiten als Männer (vgl. Groß 1997). Daraus folgt: Ein nur auf die Erwerbs-Arbeit beschränkter Arbeitsbegriff greift viel zu kurz.

Familien-Arbeit umfaßt alle Leistungen in Haushalt und Familie: Von der Familienversorgung bis zu den hauswirtschaftlichen Arbeiten; ein weitgefaßter Arbeitsbegriff. Man darf allerdings den Begriff „Familien-Arbeit“ nicht überstrapazieren, wie dies teilweise die feministische Sozialforschung tut, indem sie selbst die ganz persönliche Partnerbeziehung zur „Beziehungsarbeit“ oder „Gefühlsarbeit“ erklärt und insbesondere den „Arbeitscharakter von (Mutter-)Liebe“ betont (vgl. Müller-Wichmann 1984, S. 12 f.).

Es ist unbestritten: Der größte Teil der gesamten geleisteten Arbeit in Deutschland bleibt unbezahlt. Gemeint ist vor allem die Familienarbeit, die unentgeltlich für die Familie erbracht wird. Zu den *familiären Dienstleistungen* zählen u.a.

* die Kinderbetreuung,
* die Pflege von Kranken und Behinderten,
* die tägliche Verpflegung,
* die Haushaltsarbeit,
* das Einkaufen sowie
* Do-it-yourself für den Eigenbedarf.

In die volkswirtschaftliche Gesamtrechnung ist der Wert der Familienarbeit bisher nicht einbezogen. Das Statistische Bundesamt ermittelte, daß z.B. in einer normalen Woche knapp 28 Stunden unbezahlte Arbeiten in der Familie geleistet werden (Frauen ca. 35 Std., Männer ca. 20 Std.). Der Wert der unbezahlten Leistungen in Haushalt und Familie liegt bei etwa 860 Milliarden DM, wobei der Kauf von Gütern, die dabei verbraucht werden, noch gar nicht eingerechnet ist (Statistisches Bundesamt 1995).

Es ist sicher kein Zufall, daß schon in den siebziger Jahren wichtige Anstöße zur Ausweitung des Arbeitsbegriffs auf Tätigkeiten außerhalb der Erwerbssphäre aus der Frauenbewegung kamen. Kritisiert wurde zu Recht die naive Gleichsetzung von Arbeit und Erwerbsarbeit, ohne dabei die häusliche Familien-Arbeit zu berücksichtigen (vgl. Heinze/Offe 1990, S. 8). Obwohl in den Bezeichnungen „Familien-Arbeit“ bzw. „Haus-Arbeit“ der Begriff „Arbeit“ implizit enthalten war, wurde diesen Dienstleistungen oft nicht zugestanden, daß es sich dabei um Arbeit im engeren Sinne handelte (vgl. Pieper 1986). Die *Entdeckung des Leistungspotentials der Familien und privaten Haushalte* steht noch weitgehend aus (vgl. Glatzer 1990).

Andererseits wurde schon in den achtziger Jahren gefordert, die Familien-Arbeit als Eigen-Arbeit anzuerkennen, die zusammen mit der Gemeinschafts-Arbeit gleichberechtigt neben der Erwerbs-Arbeit stehen soll: „Die *informelle*, nicht in Institutionen organisierte Eigen- und Gemeinschafts-*Arbeit* kann neue Kräfte freisetzen, wenn es gelingt, ihre ebenso produktive wie ökonomische Bedeutung (auch für die Volkswirtschaft) sichtbarer und öffentlicher zu machen. Dann wird die Eigen- und Gemeinschafts-Arbeit auch neue Quellen von Ansehen und sozialer Anerkennung erschließen helfen“ (Opaschowski 1987, S. 19).

Der amerikanische Zukunftsforscher Alvin Toffler prognostiziert für die Zukunft den Aufstieg der Prosumenten: Ein Großteil unserer arbeitsfreien Zeit wird darauf verwandt, Güter und Dienstleistungen für den familiären Eigenbedarf zu produzieren, so daß die alte *Unterscheidung zwischen Arbeit und Freizeit weitgehend hinfällig* wird. Diesen Vorgang nennt Toffler „Prosumieren“, d.h. das immer bedeutsamer werdende Prinzip der Produktion für den Eigenbedarf *macht aus Produzenten und Konsumenten gleichermaßen Prosumenten.* Die neue Prosumenten-Mentalität könnte nicht nur die ökonomische Landschaft, sondern auch die Erwerbsethik verändern. Besitz und Geld würden nach wie vor prestigeträchtig bleiben, daneben könnten jedoch lebenspraktische Fähigkeiten wie z.B. Vielseitigkeit oder handwerkliches Können eine Aufwertung erfahren (vgl. Toffler 1980, S. 386 f.).

Die Prosumenten-Kultur wird neue Formen der Familien-Arbeit bzw. Heimarbeit entstehen lassen. Die *out-of-the-home-economy*, die nach wie vor die wichtigste ökonomische Basis für das Bruttosozialprodukt nachindustrieller Gesellschaften bleibt, verliert im gleichen Maße an gesellschaftlicher Anerkennung, wie die *in-the-home-economy* der Heim- und Telearbeiter an Bedeutung gewinnt. Das soziale und kulturelle Leben nachindustrieller Gesellschaften wird durch Gemeinschafts-, Heim- und Telearbeiter wesentlich geprägt sein. Viele Dienstleistungen werden in die Privathaushalte zurückverlagert. Eine lange Phase der *Kasernierung der Arbeit* außerhalb der Wohnstätte wird fragwürdig.

Ein durchaus realistisches Zukunftsszenario stellt auch die *Kontingentierung der Arbeit* dar, d.h. immer mehr Menschen müssen sich einen Arbeitsplatz teilen, um ihre materielle Existenz sicherzustellen. Die übrige Zeit nutzen sie dann dazu, ihren Lebensstandard durch bargeldlose Tausch- und Kompensationsgeschäfte aufzubessern, den eigenen privaten Konsum zu finanzieren und ihre eigentliche Lebenserfüllung zunehmend in sozialen Betätigungs- und Bestätigungsfeldern der Familien- und Gesellschafts-Arbeit zu suchen. Diese Problemlösung würde nicht ganz spurlos am Wirtschaftssystem vorübergehen: Die alte *Tauschwirtschaft,* d.h. Tauschhandel und *do-ut-des-Prinzipien* würden wiederbelebt.

Insbesondere die Entwicklung in den USA läßt darauf schließen, daß die westlichen Industrieländer schon auf dem besten Wege dorthin sind. In den letzten Jahren wurden in den USA Hunderte von Tauschgenossenschaften mit jeweils 500 bis 10.000 Mitgliedern gegründet. Und in Los Angeles erscheint wöchentlich die Tausch-Zeitschrift „Barter“, die von 100.000 Abonnenten getragen wird. Tauschangebote sind z.B. Rechtsbeistand bei einer Scheidung gegen Autoreparaturen, ärztliche Behandlung gegen Antiquitäten, Malerarbeiten gegen Spirituosen, Dienstleistungen gegen Naturalien. Auch in Europa und Deutschland breiten sich zunehmend Tausch-Zentralen aus.

Um eine professionelle Handwerksstunde bezahlen zu können, muß ein Durchschnittsverdiener heute bis zu vier Stunden im Beruf arbeiten. Aus Kostengründen müssen daher immer mehr Familien-Haushalte dazu übergehen, fremde Dienstleistungen durch *familiäre Eigenleistungen* zu ersetzen. Vielen bleibt heute und in Zukunft gar nichts anderes übrig als Do-it-yourself. Denn ohne diese Eigenleistungen wären viele private Investitionen in Haus, Wohnung und Garten, die dem Staat zusätzliche Steuerumsätze bescheren, gar nicht denkbar. Gäbe es die Familien-Arbeit nicht, dann blieben zahllose Wohnungen unrenoviert, Spielplätze ungebaut und viele Hobbies ein Wunschtraum. Familien-Arbeit bedeutet auch: *Sparsamer Umgang mit Geld, aufwendiger Umgang mit Zeit.*

In Zukunft werden sich neue Wirtschaftsformen – neben und außerhalb der etablierten Volkswirtschaft – entwickeln:

* Die Selbstversorgungswirtschaft
  basierend auf handwerklicher und sozialer Tätigkeit für den Eigenbedarf, aus Gefälligkeit oder auf Gegenseitigkeit.
* Die Schattenwirtschaft
  basierend auf nebenberuflicher Beschäftigung von geringem Umfang.
* Die Untergrundwirtschaft basierend auf illegaler Beschäftigung von erheblichem Umfang.

Alle Wirtschaftsformen sorgen für ein *erweitertes Bruttosozialprodukt*, auch wenn es im Lichte offizieller Statistik nicht erscheint.

Das rasche Anwachsen der Subökonomien ist auch ein Beweis dafür, daß das herkömmliche Wirtschafts- und Versorgungssystem den veränderten Bedürfnissen und Lebensgewohnheiten der Bürger hinterherhinkt. Es ist dies kein Anzeichen von Leistungsverweigerung, sondern ganz im Gegenteil eine Quelle neuer volkswirtschaftlicher Produktivität, die den Staat mehr von Leistungspflichten entlastet als daß sie ihn durch Einnahmeverluste schädigt.

Seit jeher haben

* die Interessantheit einer sinnvollen Tätigkeit,
* das unmittelbare Erfolgserleben des eigenen Tuns,
* die soziale Anerkennung der persönlichen Leistung durch andere

einen hohen Motivations- und Aufforderungscharakter. Auf dem Wege in eine Gesellschaft, in der Selbstbeschäftigung und Selbständigkeit, Eigeninitiative und Eigenregie mehr als je zuvor gefordert sind, gewinnt die motivationale Erlebnisqualität jeder Art von Beschäftigung oder Tätigkeit an wachsender Bedeutung.

Vor diesem psychologischen Hintergrund wird verständlich, warum die Familien- und Gesellschafts-Arbeit so große Resonanz findet. Das selbstbestimmte Tun, das freiwillige soziale Engagement und die ehrenamtliche Mitarbeit in Organisationen und Vereinen gewähren das, was vielen beruflichen Tätigkeiten durch Automatisierung und Technologisierung verlorengegangen ist: *Sinnbezug, Eigenaktivität, Selbstdarstellung, Leistungsfreude, Erfolgserleben und soziale Anerkennung.*

Für Menschen, die zeitlebens gezwungen waren oder sind, eine zwar ganztägige, aber langweilige oder frustrierende Erwerbs-Arbeit auszuüben, *bieten Familien- und Gesellschafts-Arbeit kompensatorische Betätigungsfelder*, in denen sie persönliche Neigung, Begabung und fachliche Kompetenz besser entfalten können. Solche Gemeinschafts-Arbeiten resultieren mitunter aus einem Mangel an sinnvollen Betätigungsfeldern in der Freizeit. Dies gilt vor allem für die Frührentner und die Gruppe der vorzeitig in den Ruhestand versetzten Menschen, die sich an ein aktives Arbeitsleben gewöhnt haben und durch Gemeinschafts-Arbeiten das Gefühl der Nützlichkeit und die Möglichkeit gesellschaftlicher Kontakte aufrechterhalten wollen.

Dafür gibt es auch gute sozialpsychologische Argumente: In Zeiten wirtschaftlicher Krisen wirkt jede Form von Gemeinschafts-Arbeit als *Sicherheitsventil, das soziale Spannungen abbauen hilft*. Wer dieses Sicherheitsventil verschließt oder zerstört, riskiert, daß psychischer Druck und soziale Spannungen außer Kontrolle geraten. Insbesondere Familien-Arbeit als Selbsthilfe- und Eigenarbeit leistet einen wichtigen Beitrag für die Lebensqualität des Einzelnen und der Gesellschaft.

5. Die Gesellschafts-Arbeit

Der amerikanische Soziologe und Autor des Buches „The Active Society" (1988) Amitai Etzioni, auch als Berater von Jimmy Carter und Bill Clinton bekannt, plädiert für eine neues Paradigma jenseits des Egoismus-Prinzips. Gemeint ist das *Ich+Wir-Paradigma*, das beides miteinander vereint: Die Verpflichtungen gegenüber der Gemeinschaft werden eingelöst, ohne daß die Eigeninteressen zu kurz kommen. Für Etzioni existiert Individualität nur innerhalb eines sozialen Kontextes: „Das Individuum und die Gemeinschaft schaffen einander und setzen einander voraus" (Etzioni 1988/1994, S. 33). Die Gesellschaft sind wir. Und wir sind immer auf der Suche nach einem Gleichgewicht: Wir wollen uns selbst erhalten, also auch unser persönliches Vergnügen maximieren, aber auch etwas für die Allgemeinheit tun – durch Hilfe für die Nachbarn, freiwillige Arbeit und Wohlfahrt. Eigennutzen und Gemeinnutzen, Ich + Wir stehen in einem ständigen, teilweise jedoch kreativen Konflikt. Erst die Einbeziehung der sozialen Dimension garantiert die Balance des Lebens.

Etzioni gilt als der Wortführer der amerikanischen „Kommunitarier", die von der Idee einer guten Gesellschaft ausgehen, in der soziale Pflichten freiwillig angenommen und realisiert werden. Das kommunitorische Denken bildet die Agenda für neue Formen der *Gesellschafts-Arbeit* in einem postmarktwirtschaftlichen Zeitalter *jenseits der Massenerwerbsarbeit*. Dies ist die Chance für den „Dritten Sektor“, den „Non-Profit-Sektor“ bzw. „Freiwilligen Sektor“, der gemeinnützige Arbeiten als Ergänzung und teilweise auch Alternative zur Erwerbs-Arbeit beinhaltet. Zu den gemeinnützigen Arbeiten im Dienste der Gesellschaft (= Gesellschafts-Arbeit) zählen freiwillige Hilfeleistungen in sozialen Organisationen, in Schulen und Kindertagesstätten, im Gesundheitswesen (Krankenhaus, Kliniken), im Umwelt-, Natur- und Tierschutz. Wegweisende „Pioniere“ auf diesem Gebiet sind insbesondere die Amerikaner: Jeder zweite amerikanische Bürger widmet durchschnittlich 4,2 Stunden pro Woche gemeinnützigen Anliegen und Organisationen. Die regelmäßige Mitarbeit in Freiwilligenorganisationen entspricht den Arbeitsstunden von neun Millionen Vollzeitbeschäftigten (vgl. Hodgkinson/Weitzman 1992, S. 2).

Den Teilnehmern gewährt die freiwillige Gesellschafts-Arbeit nicht nur Erfolgs- und Gemeinschaftserlebnisse. Sie lernen dabei auch *Bausteine eines neuen Weltbildes* kennen, das nicht mehr zentral vom Nützlichkeitsdenken des Marktsektors beherrscht wird. Die Gesellschafts-Arbeit entwickelt sich zum „Gegenmittel gegen den Materialismus des industriellen Denkens, von welchem das 20. Jahrhundert beherrscht war“ (Rifkin 1996, S. 187). Gesellschafts-Arbeit kann die *Erfahrung einer Neuen Solidarität* vermitteln – vom Glück, anderen helfen zu können, bis zum Gefühl der Verbundenheit mit anderen sozialen Schichten.

Auch in Deutschland wächst der Freiwilligen-Sektor schneller als der öffentliche oder privatwirtschaftliche Bereich. Er nimmt jährlich um mehr als fünf Prozent zu. Über *300.000 Freiwilligen-Organisationen bzw. Non-Profit-Organisationen* können sich auf freiwillige gemeinnützige Gesellschafts-Arbeiter stützen (vgl. Rifkin 1996, S. 200).

Die Daten für das freiwillige soziale Engagement in Deutschland sind beeindruckend: *Rund acht Millionen Bundesbürger sind derzeit ehrenamtlich tätig*. Jeden Monat werden in Deutschland ungefähr 240 Millionen Stunden ehrenamtliche Arbeit geleistet. 15 Prozent der Frauen und 20 Prozent der Männer engagieren sich nach Ermittlungen des Statistischen Bundesamtes in Vereinen, Verbänden oder öffentlichen Ämtern. Fast ausnahmslos positiv muß das Bild erscheinen, wenn wir einen Blick auf die Situation und das Sozialverhalten der jungen Generation werfen:

* Die meisten 14- bis 24jährigen Jugendlichen halten z.B. die Lösung des Umweltproblems derzeit für die vordringlichste Aufgabe der Politik und schätzen dies wichtiger (55%) ein als die Bekämpfung des Preisanstiegs (35%) oder die Erhaltung des Lebensstandards (26%; vgl. B.A.T Institut 1997).
* Fünf Millionen Jugendliche gehören einem Jugendverband an (vgl. Deutsche Gesellschaft für Freizeit 1996).

* Fünf von hundert Jugendlichen im Alter von 14 bis 24 Jahren engagieren sich in der Freiwilligen Feuerwehr. Von allen jugendlichen Sportvereinsmitgliedern haben 4 Prozent eine ehrenamtliche Aufgabe übernommen (vgl. B.A.T Institut 1996).
* Tausendfach leisten Jugendliche täglich freiwillige Dienste in Krankenhäusern und Altersheimen. Allein im Rahmen des Jugendrotkreuzes engagieren sich etwa 90.000 Kinder und Jugendliche freiwillig für Sanitäts-, Sozial-, Rettungs- oder Betreuungsdienste und bringen dafür jeweils etwa 6 Freizeitstunden pro Monat auf, ohne dafür bezahlt zu werden (DRK 1996).

Andererseits zeichnet sich unverkennbar ein gegenläufiger Trend ab: *Weg von den traditionellen Institutionen – hin zu informellen, d.h. privaten und projektbezogenen Initiativen*. In solchen überschaubaren Gruppierungen machen die Menschen die Erfahrung, daß sie selbst etwas bewirken, also konkret und effektiv helfen können. Für Obdachlosigkeit vor Ort lassen sich problemlos „Ehrenamtliche" gewinnen, die Nachbarschaftshilfen organisieren, Cafés gründen und Hilfsaktionen initiieren. Diese neue Form der Gesellschafts-Arbeit heißt, *selbst gestaltend am sozialen Leben mitwirken*. Wenn es um die solidarische Unterstützung von Einzelgruppen, Familien oder kleineren Gruppierungen geht – dann sind auch die Jugendlichen sofort da. Sie engagieren sich immer dann, wenn sie es für sinnvoll halten. Allerdings wollen sie weder institutionell einverleibt noch formell in Pflicht genommen werden.

Jenseits des Erwerbs braucht freiwillige Gesellschafts-Arbeit allerdings in Zukunft ein eigenes Anreiz-System: An die Stelle der Honorierung mit Geld muß die *Honorierung mit Sinn und Spaß* treten. Auch Projekte mit Ernst-Charakter kommen ohne eine solche Spaß-Komponente nicht aus, wobei Spaß nichts anderes bedeutet, als von sinnvollen Zielvorstellungen überzeugt zu sein und Möglichkeiten für Erfolgserlebnisse zu haben. Da aber die Sozial- und Wohlfahrtsarbeit im traditionellen Verständnis „mit Spaß nun wirklich nichts zu tun hat, im Gegenteil: als todsicherer Spaßverderber wirkt" (Beck 1997, S. 13 ff.), gelten Jugendliche, die sich auf solche Bedingungen nicht einlassen schnell als „unsozial", obwohl ihr sozialer Tatendrang kaum Grenzen kennt.

Zur Motivationskrise der gemeinnützigen Institutionen gesellt sich zusätzlich noch die *ökonomische Krise des Sozial- und Wohlfahrtsstaates*. Deshalb muß auch die Sinnfrage und Aufgabenstellung für die Institutionen der Sozialarbeit, insbesondere der Wohlfahrtsverbände, neu gestellt werden. Wenn sich soziale Arbeit nach den Gesetzen des Marktes „rechnen" muß und immer mehr Hauptberufliche unbezahlbar werden, ergeben sich zwangsläufig *neue Beschäftigungschancen für ehrenamtliche Gesellschafts-Arbeiter*. Schwerpunkte ihrer Tätigkeit werden vor allem im präventiven Bereich liegen wie z.B.

* offene und ambulante Jugendhilfe
* Fixerstuben
* Aids-Hilfe
* Kindergarten
* Altenheime
* Verbraucherberatung
* Schuldnerberatung
* Obdachlosenhilfe.

Allein beim inzwischen hundert Jahre alt gewordenen Deutschen Caritasverband (DCV) sind mehr als 400.000 ehrenamtliche Helfer tätig.

Die Wohlfahrtsverbände im 21. Jahrhundert werden sich zu Freiwilligen-Agenturen entwickeln, die mehr Freiwillige als Professionelle beschäftigen.

6. Neue Solidarität: Soziales Voluntariat als Zweitkarriere

Auch in Zukunft kann das Leben keinem gigantischen Supermarkt gleichen, in dem alles beliebig wird und zur freien Auswahl bereit steht. Dann würde die Multi-Optionsgesellschaft zu einer *Ent-Obligationsgesellschaft* werden, in der es keine sozialen Pflichten und Verpflichtungen mehr gibt. Ralf Dahrendorf hat es auf den Punkt gebracht: „Optionen sind leere Wahlchancen, wenn die Koordinaten fehlen, die ihnen Sinn geben. Diese Koordinaten aber bestehen aus tiefen Bindungen“ (Dahrendorf 1983, S. 125). Mit dem Ende der Vollbeschäftigungsgesellschaft brauchen wir *neue soziale Sinn-Koordinaten*, an denen wir uns orientieren können.

Wir sollten daher in Zukunft eine neue Profession mit Ernstcharakter (*„Soziales Voluntariat“)* schaffen, eine Art Zweitkarriere jenseits des Gelderwerbs – ein Voluntariat, das auf dem *Prinzip der Freiwilligkeit* basiert. Millionen von Voluntären (engl. „volunteers“, frz. „voluntaires“) – ob als Schüler, Teilzeitarbeiter oder Frührentner – könnten freiwillig in Sozialdiensten tätig sein, wenn sie dafür die entsprechende gesellschaftliche Anerkennung bekämen – von Kindheit an. „Soziales Voluntariat“ ist ein anderes Wort für „Ehrenamtliche Arbeit“ oder „Freiwillige Sozialarbeit“. Soziale Voluntäre sind freiwillige Mitarbeiter im sozialen Bereich. Das freiwillige unbezahlte Engagement von Kindern und Jugendlichen sollte in Zukunft auf schulischen Zeugnissen genauso vermerkt werden wie die Schulnoten in Religion, Musik oder Sport und später bei beruflichen Einstellungsgesprächen ebenso Berücksichtigung finden wie der Nachweis von Fachkenntnissen.

Das Goldene Sozialabzeichen muß in Zukunft genauso wertvoll wie das Goldene Sportabzeichen und der Voluntär-Ausweis für soziales Engagement genauso anerkannt wie der Übungsleiter- oder Jugendgruppenleiter-Ausweis sein.

Wenn „Ehren" und „Amt" keine Worthülsen sein und wirklich etwas bedeuten sollen, dann müssen Ehrenamtliche auch das Gefühl vermittelt bekommen, daß sich der Aufwand und die Mühe für soziales Engagement wirklich „lohnen". Das kann eine verstärkte Anerkennung und Auszeichnung in der Öffentlichkeit, eine Ehrung, eine Ehrentitel-, Preis-, Ordens- oder Medaillenverleihung oder eine vorübergehende Freistellung in Schule, Ausbildung und Beruf (z.B. durch gesetzlichen Anspruch auf Sonderurlaub) sein. Auch materielle Honorierungen sind in Erwägung zu ziehen: Vom Steuerfreibetrag und der Verdienstausfallregelung über finanzielle Vergünstigungen bei der Benutzung öffentlicher Verkehrsmittel bis zum freien Eintritt in öffentliche Kultur- und Freizeiteinrichtungen (z.B. Museen).

Wer als Übungsleiter im Sportverein tätig ist, in der Freiwilligen Feuerwehr mitarbeitet, sich bei Greenpeace engagiert, ehrenamtlich Gewerkschafts- oder Gemeindearbeit leistet und Pflegedienste in der Familie oder Nachbarschaft übernimmt, muß materiell oder immateriell honoriert werden: Von der Steuervergünstigung oder einem Entgelt in vertretbarer Höhe bis hin zu öffentlichen Anerkennungen, Auszeichnungen und Ehrentiteln. In der Übergangsphase können materielle Entschädigungen hilfreich sein. Wichtiger aber als Geld wird in Zukunft die gesellschaftliche Anerkennung des Sozialen Voluntariats sein.

Finanzielle Anreize für ein solches Voluntariat sollten nicht die Regel werden, sie müssen aber andererseits geschaffen werden, damit soziales Engagement nicht auch noch bestraft oder benachteiligt wird. Wenn beispielsweise Familienmitglieder ihren Beruf zugunsten eines pflegebedürftigen Menschen aufgeben, wie dies oft bei Frauen der Fall ist, dann müssen sie weiter renten-, kranken- und unfallversichert bleiben. Wer heute Geld für gute Zwecke spendet, bekommt vom Staat steuerliche Vorteile eingeräumt. Folgerichtig muß es in Zukunft heißen: Wer unentgeltlich gute Werke für die Gemeinschaft leistet, muß nicht nur sozial anerkannt, sondern auch steuerlich entlastet werden.

Das freiwillige Engagement ist zwischen Freizeit und Arbeit, Ehre und Amt, Idealismus und Sozialer Pflicht angesiedelt. Im Unterschied zum käuflichen Freizeitkonsum, der „Spaß sofort" verspricht, muß die Freude am Ehrenamt erst durch eigene Leistungen regelrecht „erarbeitet" werden. Eigeninitiative, Pflichtgefühl und Verantwortungsbewußtsein gehören immer dazu. Dafür vermittelt die ehrenamtliche Tätigkeit aber auch *besondere Erfolgserlebnisse* wie z.B. die Freude, anderen helfen zu können, der Stolz über eigene Entscheidungs- und Einflußmöglichkeiten und schließlich Tätigkeiten, die Sinn haben.

Ende der sechziger Jahre warnte der Psychoanalytiker Erich Fromm vor einer zweifachen Bedrohung des modernen Menschen: Die Vernichtung durch Krieg und die *innere Leblosigkeit durch das Passivsein des Menschen.* Eine der Grundvoraussetzungen menschlichen Wohlergehens sei es, aktiv zu sein, also „alle seine Fähigkeiten produktiv auszuüben" (Fromm 1968/ 1974, S. 85). In Zukunft muß also die drohende Passivierung des Menschen aufgehoben werden – sonst kann es passieren, daß ein paar Privilegierte intensiv arbeiten, die Mehrheit aber mehr mit ihrer eigenen Lebensbewältigung beschäftigt ist.

Die Menschen müssen in Zukunft mehr außerberufliche Gelegenheiten bekommen, aktiv an den Aufgaben und Problemen der Gesellschaft teilzunehmen. Neben der passiven Konsumkultur muß eine *aktive Gemeinschaftskultur* treten, in der sich die Menschen stärker als bisher in den Dienst sozialer Belange stellen können. Diese sozialen Aufgaben müssen so attraktiv sein, daß die Bürger freiwillig und mit Freude und Engagement dabei sind. Dies setzt aber voraus, daß solche freiwilligen Non-Profit-Dienste sozial honoriert und durch neue Status- und Prestigesymbole gesellschaftlich aufgewertet werden.

Wenn die Freiwilligenarbeit „Soziales Voluntariat" wirklich den Charakter einer Zweitkarriere bekommen soll, kann sie nicht nur dem Zufall oder der Spontaneität überlassen bleiben. Damit sie die entsprechende gesellschaftliche Anerkennung erlangt, muß sie organisatorisch unterstützt, aber auch *in Kursen weiterqualifiziert* werden. Nicht immer reicht die eigene Lebenserfahrung, um Mitmenschen in schwierigen Lebensphasen zu begleiten – von der Gesprächsführung bis zum Zuhörenkönnen. Nur über begleitende Qualifikationskurse kann das Soziale Voluntariat eine gleichwertige Ergänzung (nicht Alternative) der professionellen Arbeit sein. Dann rechtfertigen sich auch Gratifikationen vom Voluntariatsausweis über das Goldene Sozialabzeichen bis hin zu Steuererleichterungen.

Voluntäre, die freiwillig gemeinnützige Tätigkeiten ohne Lohn leisten wollen, müssen in Zukunft professionell beraten und vermittelt werden. Dazu brauchen wir *Voluntariats-Dienste* (wie z.B. BENEVOL in der Schweiz oder die FREIWILLIGEN-ZENTRALEN in den Niederlanden), die organisatorische Hilfen geben. Soziale Voluntariate sollen die bezahlte Arbeit ergänzen (nicht ersetzen), also freiwillig Tätigkeiten ausüben, die bisher weder von der Privatwirtschaft noch vom Öffentlichen Dienst hinreichend wahrgenommen werden. Das soziale Voluntariat könnte sich so zu einer *neuen Säule des So-*

zialstaats entwickeln – ein Treffpunkt Hilfsbereitschaft zur Wiederbelebung des Gemein- und Bürgersinns. Die neuen *Freiwilligenbörsen* auf regionaler Ebene in allen Teilen Deutschlands sind ein Schritt in diese Richtung. Dazu gehört auch die 1997 neugegründete *Nationale Freiwilligen-Agentur*, die Bürger auf der Suche nach einem Ehrenamt anrufen und sich auch dort beraten lassen können (z.B. in Versicherungs- und Steuerfragen). Diese Freiwilligen-Agentur erhält für die Jahre 1998/99 eine staatliche Grundfinanzierung. Ab dem Jahre 2000 soll sie sich dann durch Spenden und Sponsoring selbst tragen.

Kleines ABC für soziale Voluntäre

Der gerade Weg zur Zweitkarriere

A	Alte Menschen besuchen, administrative Unterstützung
B	Basteln, backen, Behördengänge, Besuche, Beistand für Schwerkranke, Büroarbeiten
C	Computer-Kenntnisse weitergeben, Cafeteria-Dienste in Seniorenheimen
D	Dame spielen, Diskussionsgruppen leiten
E	Ersatz-Großeltern, Erfahrungen einbringen
F	Fotografieren, Freizeit mit Behinderten, Fortbildung, Feste organisieren
G	Gebrechlichkeitspflegschaften übernehmen, Gymnastik
H	Hilfe für Straffällige, Handwerkerhilfe
I	Informationen geben und einholen, Interessenvertretung
J	Jazz-Tanz, Jugendgruppen leiten
K	Kochen, kranke Kinder besuchen, Krankenhausbesuche
L	Lebensrettung, lernen und lehren
M	Märchen erzählen, musizieren
N	Nachhilfe, Naturschutz
O	Organisation von Ausstellungen, Öffentlichkeitsarbeit
P	Patenschaften übernehmen, Präsentationen
Q	Qualifikationen weitergeben
R	Reisebegleitung, Rollstuhl schieben, redaktionelle Arbeit
S	Spielen, singen, schreiben, Sport, Schaukastengestaltung
T	Tanzen, telefonieren, töpfern
U	Umweltschutz, Unterhaltung
V	Vorlesen, Versand, Verbindungen herstellen, Vorstandsarbeit
W	Wissen weitergeben
X	X-beliebige Ideen haben
Y	Yoga
Z	Zuhören, Zeitungen verteilen

Quelle: Treffpunkt Hilfsbereitschaft (Verein „Die Hilfsbereitschaft e.V."), Berlin 1997

Damit wir keine Gesellschaft von Einzelgängern werden, die nur ihren egoistischen Interessen nachgehen, müssen wir das Bewußtsein für Gemeinsinn so stärken, daß eines Tages die Ausübung eines Sozialen Voluntariats genauso prestigeträchtig ist wie der Erwerb eines kostspieligen Konsumartikels. Beides muß schließlich „verdient" werden – entweder durch Arbeit oder durch gute Werke im Dienste der Gemeinschaft. Das Mehr an arbeitsfreier Zeit kann doch erst dann ein sozialer Fortschritt sein, wenn wir auch bereit sind, einen *Teil der geschenkten Zeit* sowohl in die Erhöhung der persönlichen Lebensqualität als auch in die Verbesserung der sozialen Lebensbedingungen zu *re-investieren.* Dazu aber bedarf es gesellschaftlicher Anreize durch die Politik.

7. Neue Berufe: Die Macher gehen, die Inspiratoren kommen

Aurelio Peccei, der Gründer des CLUB OF ROME, stellte kurz vor seinem Tod die Prognose auf, daß die „Arbeit ihren Charakter als zentrale Lebensäußerung und Grundbedürfnis des Menschen verlieren" und in Zukunft nur noch gleichberechtigt neben anderen sozialen und kulturellen Tätigkeiten stehen werde. Die Begriffe „Beschäftigung" und „Nichtbeschäftigung" müßten dann modifiziert werden. Es wäre auch nicht mehr länger möglich, einfach von Arbeit und Freizeit zu sprechen. Zu den traditionellen Machern (Unternehmern und Arbeitern) gesellten sich zunehmend *neue Inspiratoren*, die sich um Mittel und Wege bemühten, den Mitmenschen zur Weiterentwicklung ihrer körperlichen, intellektuellen und geistigen Fähigkeiten zu verhelfen (Peccei 1982, S. 12 ff.).

Für die Zukunft gilt: Die Macher gehen, *die Inspiratoren müssen kommen.* Inspiratoren gleichen positiven Visionären, die die Angst mit Hoffnung, Selbstmitleid mit Selbstsicherheit, Negativ-Utopien mit Positiv-Visionen zu verbinden suchen. Von ihnen kann ein positiver Bazillus auf die gesamte Berufswelt ausgehen. Sie tun etwas gegen Motivationsverlust und chronische Arterienverkalkung der Seele, indem sie Phantasie und Lebensfreude, Intuitionskraft und Imaginationsfähigkeit zum Inhalt und Ziel ihrer Arbeit machen. *Die Inspiratoren werden zu Pionieren auf dem Arbeitsmarkt.*

Diesen ungewöhnlichen Weg geht derzeit die Regierung in Frankreich, um vor allem Jugendlichen zu einer Arbeit bzw. einem Beruf zu verhelfen: Die staatliche Politik subventioniert Ideengeber. Ein konkretes Beispiel: Jugendliche „Correspondants de Nuit", also Nacht-Korrespondenten, sind in der westfranzösischen Stadt Rennes in ihren Wohnvierteln unterwegs – unbewaffnet, aber mit einem schwarzen Judogürtel, einer Taschenlampe und einem tragbaren Telefon. Ohne Amtsvollmacht, aber mit viel Humor

* beruhigen sie randalierende Betrunkene,
* trennen sie Ehepaare, die sich auf der Straße in die Haare geraten,
* alarmieren sie die Wasserwerke, wenn ein Autofahrer einen Hydranten gerammt hat.

Die Korrespondenten gehören zu den 15.000 Jugendlichen, die sich mit Staatssubventionen *in neuen Berufssparten versuchen:* Vom Boten („Messager") über den Stimmungs-Agenten („Agent d'Ambiance") bis zum Buch-Mediatoren, der junge Leute bei der Auswahl der Lektüre berät. Dies alles sind *Beschäftigungsversuche auf dem Weg zu neuen Berufen* – Berufen mit Zukunftsperspektive. Kritiker mögen sich über solche Phantasie-Jobs lustig machen. Die Realität spricht gegen sie. Denn jede Ideen-Initiative, die einem Arbeitslosen zu einer Beschäftigung verhilft, bedeutet für die Staatsfinanzen einen Gewinn.

Bereits vor einem Jahrzehnt wurden in dieser Richtung erste Ideen für neue Berufe entwickelt (vgl. Opaschowski 1987, S. 31), die einmal Wirklichkeit werden könnten wie z.B.

* Vorleser
* Geschichtenerzähler
* Computeranimateur
* Fernsehprogrammberater
* Wochenendplaner
* Familienfesteveranstalter
* Langeweiletherapeut
* Hobbyberater
* Kinderhüter
* Wanderführer
* Zuhörer.

Zuhörer von Berufs wegen – auf den ersten Blick eine unvorstellbare Vorstellung. Auf den zweiten Blick ein realistischer *Problemlöser für die innere Vereinsamung inmitten äußerer Kontaktflut.* Pointiert gefragt: Wird es in Zukunft professionelle Zuhörer für einsame Menschen geben, weil das Tempo und die Hektik des Lebens kaum mehr Platz für geduldiges Zuhören lassen? Der Phantasie für neue Inspiratoren-Berufe sind im 21. Jahrhundert kaum Grenzen gesetzt. Vorstellbar sind z.B. professionelle

* Haus-Besucher
* Lern-Animateure
* Zeitmanagement-Berater
* Tagesablauf-Planer
* Fernsehprogramm-Berater/TV-Selektoren
* Kontakt-Vermittler
* Arbeitstausch-Makler
* Aggressions-Trainer
* Ideen-Entwickler/Ideen-Vermarkter
* Event-Manager
* Geschenke-Berater
* Konsum-Berater/Antikredit-Berater.

Meist werden es kleine Lebenshilfen und Antworten auf Probleme des Alltags sein, weil die zwischenmenschlichen Beziehungen immer flüchtiger und emotional unbefriedigender werden. Im professionellen Tun finden die Menschen dann alle die Eigenschaften wieder, die sie an sich, den Nachbarn und Freunden vermissen, weil Einfühlsamkeit im High-Tech-Zeitalter verloren zu gehen droht.

8. Neue Lebensziele: Wie wollen wir eigentlich leben?

An der Schwelle zum dritten Jahrtausend tut eine *mentale Standort-Bestimmung* not – jenseits ökonomischer Notwendigkeiten und globaler Probleme: Wie wollen wir eigentlich leben? Wie sehen unsere Lebensziele für die Zukunft aus? „Lebensziele" umschreiben in der Sozial- und Wertewandelforschung Zielvorstellungen, die jeder einzelne in seinem Leben zu verwirklichen sucht. Lebensziele verkörpern individuelle Werte, auf die jeder sein Leben ausrichtet, auf die er „zulebt" – vom Vermögen schaffen bis hin zum Lebensgenuß.

Lebensziele lassen sich zu fünf Wertemustern zusammenfassen:

1. Genußorientierung
   (Das Leben genießen; etwas selber tun, was Spaß macht)

2. Sozialorientierung
(Mit anderen zusammen sein; anderen helfen)
3. Ichorientierung
(Sich selbst verwirklichen; Ideen durchsetzen; sich besser kennenlernen)
4. Leistungsorientierung
(Etwas leisten; sich Herausforderungen stellen; vorwärts kommen; sich fortbilden)
5. Besitzorientierung
(Etwas Bleibendes schaffen; viel Geld verdienen; Vermögen schaffen).

Auf dem Weg in die Zukunft favorisieren wir genuß- und sozialorientierte Lebensziele, während besitzorientierte Lebensziele eher nachgeordnete Bedeutung haben. Wir möchten am liebsten *in einer ausgeglichenen Balance zwischen Genuß- und Sozialorientierung leben.* 91 Prozent der Bevölkerung wollen in ihrem Leben etwas selber tun, was Spaß macht. Zugleich legen 89 Prozent der Befragten besonderen Wert darauf, das Leben zu genießen. Spaß und Lebensgenuß sind aber erst durch andere und mit anderen am größten. An dritter Stelle der Lebensziele rangiert daher das Zusammensein mit anderen (85%). Bemerkenswert hoch ist der Wunsch in der Bevölkerung ausgeprägt, anderen helfen zu wollen (80%).

Die Hoffnung hat also eine Zukunft, wenn es gelingt, dieses große Potential an Hilfsbereitschaft in der Bevölkerung zu wecken. Die Gemeinwohlorientierung muß nicht sterben. *Jenseits der Erwerbsgesellschaft* gibt es in der Wunschvorstellung der Bevölkerung *eine Tätigkeitsgesellschaft*, in der das Für-andere-tätig-Sein eine neue Lebenserfüllung verspricht. Eine Forderung für die Zukunft zur Erhaltung und Sicherung der Wohlstands- und Wohlfahrtsgesellschaft sollte daher lauten: *Öffentliche Ausgaben reduzieren – private Initiativen aktivieren.*

Leben im 21. Jahrhundert heißt für die Mehrheit der Bevölkerung: *Leben zwischen persönlicher Lebensfreude und sozialer Geborgenheit.* Um sich im eigenen Lande „wohlfühlen zu können", müssen daher Lebensbedingungen vorhanden sein oder geschaffen werden, die Wohlstand und Wohlbefinden gleichermaßen garantieren. Unterschiedliche Prioritäten sind allerdings im Generationenvergleich erkennbar:

– Für die jüngere Generation ist der eigene Spaß genauso wichtig (61%) wie die Geborgenheit (60%) im Zusammensein mit anderen. Jugendliche leben eher nach der Devise: Man kann andere nicht glücklich machen, wenn man nicht selber Spaß dabei hat.
– Hingegen können die meisten älteren Menschen, um sich wohlzufühlen, auf Spaß und Freude, Fröhlichkeit und Ausgelassenheit durchaus verzichten – nicht jedoch auf Gemütlichkeit und Sicherheit, Hilfsbereitschaft und Verständnis füreinander.

Leben im 21. Jahrhundert

Ein Lebensentwurf zwischen Schaffensfreude und sozialer Geborgenheit

LEBENSBEREICHE	
Liebe/Partnerschaft Familie Kindererziehung	Freundschaften Freunde Bekanntenkreise
Erfüllte Freizeit Zeit für sich selbst Mobilität/Reisen	Sinnvolle Arbeit Intakte Umwelt Bildung/Kultur/Religion

LEBENSZIELE sind ausgerichtet auf:
Spaß, Freude, Lebenslust
Sozialkontakte, Gemeinschaft, Gemeinsamkeit
Spontaneität, Selbständigkeit, Selbstentfaltung
Selbst-Aktiv-Sein, Leistungsbedürfnis, Schaffensfreude
Sich-Entspannen, Gesundheit, Wohlbefinden

LEBENSAUFGABEN werden verwirklicht in:	
Erwerbs-Arbeit	Lern-Arbeit
Familien-Arbeit	Gesellschafts-Arbeit

LEBENSQUALITÄT wird erlebt als:
Glückliches, erfülltes Leben
Freies, selbstverantwortliches Leben
Ruhiges, ausgeglichenes Leben
Friedliches, zufriedenes Leben

Die Bevölkerung erwartet von der Zukunft nicht das ganz große Glück. Es sind eher die kleinen Glücksmomente des Lebens in einer entspannten und störungsfreien Atmosphäre: *Stimmung, Harmonie, Geborgenheit.* Garanten dafür, daß man unbeschwert leben und sich über manche schönen Augenblicke einfach freuen kann.

Es ist kein Zufall, daß die Menschenrechte in Europa drei Namen tragen: *Freiheit. Sicherheit. Gerechtigkeit.* Ein Recht auf Glück läßt sich hieraus nicht ableiten. Aus neueren kultursoziologischen Forschungen geht hervor, daß es Menschen im Mittelbereich zwischen Not und Überfluß subjektiv am besten geht (z.B. zur Zeit des Übergangs von den 50er zu den 60er Jahren). Diesen Menschen fehlt noch etwas, wofür sich Arbeit und Anstrengung lohnen. Ihr Leben hat schließlich eine Richtung: nach oben. Und die Erfahrung lehrt: Menschen, die nach oben wollen, haben eher *Mittel-Krisen*, Menschen, die oben sind, dagegen *Sinn-Krisen* (vgl. Schulze 1992). Die einen sind noch unterwegs, die anderen sind schon angekommen. Bedroht ist nicht mehr das Leben, sondern sein Sinn: *Was will ich eigentlich?*

Aus erlebnispsychologischer Sicht gilt: Es macht auf Dauer nicht glücklich, wenn man immer das bekommt, was man sich wünscht. Kurzfristig mag man sich glücklich fühlen; langfristig erzeugen jedoch weder ein neues Auto noch ein Zweitfernseher oder ein Dritturlaub die gleichen Glücksgefühle wie am Anfang. Menschen fühlen sich subjektiv immer dann am wohlsten, wenn Ansprüche und Möglichkeiten im Gleichgewicht sind. Die alten Griechen wußten schon, warum sie den Zeus-Tempel in Olympia als Mahnung an die Epheben mit der Inschrift versahen: PAN METRON ARISTON: „Genieße nach Maß, damit du länger genießen kannst". Wer noch im Genuß maßvoll bleibt, leidet keine materielle Not, schwimmt aber auch nicht im Überfluß. Denn er weiß, daß man Glück nicht kaufen kann.

Auf der *Suche nach Lebenssinn außerhalb von Arbeit und Beruf* ist die Bevölkerung längst fündig geworden, bevor Politik und Gesellschaft die Frage überhaupt gestellt, geschweige denn beantwortet haben. Die Zukunftshoffnungen richten sich auf den Wunsch nach mehr Muße und sozialen Kontakten. Auf repräsentativer Ebene wurde die Bevölkerung mit folgender Frage konfrontiert: „Einmal angenommen: Sie würden nach dem Jahr 2000 erheblich weniger arbeiten. Ihr Grundeinkommen wäre trotzdem gesichert. Welche der folgenden Tätigkeiten und Aufgaben könnten Ihrem Leben dann einen Inhalt und Sinn geben?"

Die *Beschäftigung mit dem Hobby* (45%) und die *Beschäftigung mit der Familie* (45%) werden von der Bevölkerung als die Tätigkeiten angesehen, die dem Beschäftigungscharakter der Arbeit noch am nächsten kommen. Fast jeder zweite Befragte hofft, in Zukunft im eigenen Hobby eine neue Lebenserfüllung zu finden. Ebensoviele können sich vorstellen, ganz in der Familien-Arbeit aufzugehen und dem Leben dadurch einen sinnvollen Inhalt zu geben. Deutlich mehr Männer (52%) als Frauen (38%) sind glücklich, wenn sie sich ihren Hobbies widmen können, während die Frauen Lebenssinn eher mit Familienorientierung (48% – Männer: 44%) verbinden.

Nur zwei von hundert Befragten geben unumwunden zu: *„Ohne Berufsarbeit kann ich nicht leben"*. Diese Auffassung wird mehr von Alleinstehenden (insbesondere Verwitweten) sowie von Beziehern unterer Einkommensgruppen (unter 1.500 DM Haushaltsnettoeinkommen) geäußert. Alle übrigen verbinden mit der Vorstellung eines Lebenssinns jenseits der Erwerbs-Arbeit vier Zukunftshoffnungen: Mehr Zeit für sich – Mehr Zeit mit anderen – Mehr Zeit zur Weiterbildung – Mehr Zeit zum Tätigsein.

1. Zukunftshoffnung: Mehr Zeit für sich. Millionen von Menschen wünschen sich, in Zukunft mehr Zeit für Hobbies, Sport und Reisen zu haben. Und fast jeder zweite richtet die Hoffnung darauf, endlich mehr Muße für sich selbst zu finden. Dies trifft vor allem für zeitlich stark beanspruchte Berufsgruppen (z.B. Leitende Angestellte) zu.

2. Zukunftshoffnung: Mehr Zeit für andere. Soziale Bezüge können künftig für die Sinnerfüllung des Lebens an Bedeutung gewinnen. Dabei dominiert die Hinwendung zu Familie und Freunden. Jeder achte würde sich gerne in der Nachbarschaftshilfe, in der Altenpflege oder im Umweltschutz sozial engagieren, die Frauen mehr als die Männer. Und jeder neunte wäre bereit, freiwillig und ehrenamtlich in Organisationen mitzuarbeiten.

3. Zukunftshoffnung: Mehr Zeit zur Weiterbildung. Der Kultur- und Bildungsbereich könnte sich in Zukunft expansiv entwickeln, wenn die Bürger ihre Wunschvorstellungen Wirklichkeit werden lassen. Jeder fünfte will dann mehr Kulturangebote nutzen und jeder siebte will sich persönlich weiterbilden. Über sechs Millionen würden gerne Kurse in Freizeitakademien und drei Millionen Lehrveranstaltungen an der Universität besuchen.

4. Zukunftshoffnung: Mehr Zeit zum Tätigsein. Auch in Zukunft gibt es genug zu tun – nur nicht immer gegen Geld. Weil die Menschen mehr Zeit, aber weniger Geld zur Verfügung haben, werden Do-it-yourself und Gartenarbeit einen Teil des Geldverdienens ersetzen müssen. Aber auch Nebenjobs und Schwarzarbeiten werden gefragt sein.

In Politik und Gesellschaft wurde bisher weitgehend die Auffassung vertreten, die Erwerbs-Arbeit als Zentrum des Lebens könne durch nichts Gleichwertiges ausgeglichen werden. Die Befragungsergebnisse zeigen jedoch deutlich, daß sich die Bevölkerung sehr wohl vorstellen kann, Lebenserfüllung auch jenseits des Erwerbs zu finden.

Eine Umbewertung des Lebenssinns zeichnet sich für die Zukunft ab. Lebenssinn kann dann für viele Menschen auch heißen, in außerberuflichen Tätigkeiten das zu suchen, was sie in der Erwerbstätigkeit nicht mehr finden können: Sinnbezug, Selbstdarstellung und Erfolgserleben.

Und es bleibt noch genügend Zeit zum Leben. *Neue Sehnsüchte prägen neue Märkte*. Veränderte Lebensziel-Akzente sorgen für potentielle Wachstumsmärkte:

Lebensziel I: Gesünder leben

Mehr auf Gesundheit, Wohlbefinden und Wellness achten und sich um natürliche Lebensweise und intakte Umwelt bemühen.

Bedarfsfelder und Märkte der Zukunft:

* Körperkultur
  (Gesundheitsvorsorge, Körper-, Schönheitspflege, Bio-Kosmetik, Schlankheitsmittel, Fitnesscenter, Gymnastik, Wellness u.a.)
* Badekultur
  (Badelandschaften, Saunen, Whirl-Pools, Dampfbäder, Bade-Zubehör u.a.)
* Ökologiekultur
  (Bio-Läden, Naturprodukte, natürlicher Obst- und Gemüseanbau, Naturküche, alternative Energien, umweltfreundliche Produkte u.a.).

Lebensziel II: Geselliger leben

Mehr Kontakte und Geselligkeit pflegen, öfter ausgehen und gemeinsam etwas unternehmen.

Bedarfsfelder und Märkte der Zukunft:

* Clubkultur
  (Sport-Clubs, Hobby-Clubs, Single-Treffs, Freundes-, Nachbarschaftscliquen, Kommunikationszentren mit Clubatmosphäre, Ferienclubs u.a.)
* Spielkultur
  (Spielhallen, neue High-Tech-Spielzentren (Laser/virtual reality), Spielräume, -plätze, Spielzeug, -geräte, neue Gesellschaftsspiele, Glücksspiele u.a.)
* Kneipenkultur
  (Erlebnis-Kneipen, Bistros, Themen-, Spezialitäten-Restaurants, Dinner-Discos, Musik-Cafés, Event-Partys u.a.).

Lebensziel III: Genußorientierter leben

Mehr Zeit zum Leben haben und das Leben ohne Schuldgefühl und schlechtes Gewissen genießen.

Bedarfsfelder und Märkte der Zukunft:

* Mußekultur
  (Zeit für Musik, Lesen, Sprachen, Malen, Meditation, Esoterik, Entspannung, Yoga, autogenes Training u.a.)
* Wochenendkultur
  (Party-Service, Home-Service, Camping-/Wohnwagen-/Caravan-Kultur, Tages-, Wochenendausflüge, Kurzreisen u.a.)
* Zerstreuungskultur
  (Event-Veranstaltungen, Pop-Konzerte, Stadt-, Volksfeste, Freizeitparks, Shopping-Center, Multi-Entertainment-Center u.a.).

Lebensziel IV: Aktiver leben

Selbst aktiv werden, eigenen Hobbies nachgehen und persönliche Interessen weiterentwickeln.

Bedarfsfelder und Märkte der Zukunft:

* Do-it-yourself-Kultur
  (Heimwerken, Reparatur-, Renovierungsarbeiten, Gartenarbeiten u.a.)
* Hobbykultur
  (Handarbeiten, Hobby-Kochen, Hobby-Läden, Sammeltätigkeiten u.a.)
* Bewegungskultur
  (Joggen, Spazierengehen, Wandern, Bergsteigen, Radfahren, Extrem-, Risikosportarten, Autofahren, Mobilität/Rastlosigkeit/Reisen u.a.).

Lebensziel V: Bewußter leben

Verantwortungsbewußter leben, für Sicherheit sorgen und sich zeitweilig sozial engagieren.

Bedarfsfelder und Märkte der Zukunft:

* Sicherheitskultur
  (Sparen, Lebensversicherung, Altersvorsorge, stabile Geld- und Wertanlagen, Gesundheitsdienste, -beratung, -urlaub, Kurlaub, u.a.)
* Verbraucherkultur
  (Preisbewußtsein, Verbraucherberatung, Verbraucheraufklärung, Verbraucherbewußtsein, Konsumkritik u.a.)
* Beteiligungskultur
  (Mitarbeit in Eltern-, Mieter-, Bürgerinitiativen, Selbsthilfegruppen, Natur- und Umweltschutz, soziale Engagements auf Zeit u.a.).

ARBEITSWELTEN IM WANDEL

Ausgangssituation: vor 2000

ARBEITSGESELLSCHAFT

- Arbeitsethik
  (Arbeit als Zentrum des Lebens)
- Primat des Gelddenkens
- Berufsbiographie

Übergangsphase: nach 2000

LEISTUNGSGESELLSCHAFT

- Gleichgewichtsethik
  (Gleichwertige Leistungen in Erwerbs- und Nichterwerbsarbeit)
- Ausgeglichenes Geld-Zeit-Denken
- Leistungsbiographie

Zukunftsvision: 21. Jahrhundert

TÄTIGKEITSGESELLSCHFT

- Lebensethik
  (Leben als sinnerfülltes Tun)
- Primat des Zeitdenkens
- Lebensbiographie

Wer in Zukunft an diesen Möglichkeiten und Gelegenheiten teilhaben will, wird in der Regel erst einmal selbst etwas leisten müssen, ehe er sich die Dienstleistungen anderer leisten kann.

9. Ausblick: Die Tätigkeitsgesellschaft als visionäre Zukunft

Die in dieser Studie formulierten Konzepte und Empfehlungen müssen mehrheitsfähig gemacht werden, damit die nachwachsenden Generationen eine lebenswerte Zukunft haben. Insofern gibt es für alle Multiplikatoren und gesellschaftlichen Entscheidungsträger durchaus eine Pflicht, sich in die öffentliche Zukunftsdiskussion einzumischen. Einmischen heißt, *in der Suche nach Orientierung voranzugehen*, nicht alle Lösungen gleich selbst zu finden, sondern auch Fragen zu stellen und andere zu Antworten zu ermutigen.

Zur Aufgabe einer verantwortlichen Forschung und Wissenschaft gehört es doch nicht nur, festzustellen, *was ist*, sondern herauszufinden, *was sein könnte*. Wer Forschung nicht als ebenso kritische wie normative Aufgabe begreift, geht lediglich den „Weg des geringsten Widerstandes", indem er den status quo bestätigt und unterstützt (Csikszentmihalyi 1991, S. 223) und keine Weichen für die Zukunft stellt. Eine Vorreiter-Rolle in der öffentlichen Meinungsbildung sollten neben Wissenschaft und Politik auch Kultur und Kunst übernehmen. Wo sind die Autoren, Publizisten, Schriftsteller, Liedersänger und Bildenden Künstler, die sich öffentlich zu Sinnfragen Gehör verschaffen und auch gehört werden? Alle gesellschaftspolitischen Funktionsträger und Institutionen sind hier gefordert, über Wege in die Zukunft nachzudenken.

Die alte Arbeitsgesellschaft ist tot, die Freizeitgesellschaft im alten Sinne auch. Im Übergang zum dritten Jahrtausend zeichnen sich konkrete Konturen einer neuen Leistungsgesellschaft mit einer humanen und sozialen Komponente ab, die den Menschen und der Gesellschaft hilft, nicht aus dem Gleichgewicht zu geraten: Mit dem *Standbein* ist sie noch in der alten Arbeitsgesellschaft verankert, mit dem *Spielbein* bewegt sie sich auf eine neue Tätigkeitsgesellschaft zu. Die Zukunft gehört der Tätigkeitsgesellschaft (vgl. Abbildung), in der Erwerb und Nichterwerb, Arbeit und Leben eine Einheit bilden und das Zeitdenken Vorrang vor dem Gelddenken hat. Arbeit und Leistung gehen im *Tun für sich* und im *Tätigsein für andere* auf.

Die Tätigkeitsgesellschaft als visionäre Zukunft
Ein Szenario aus dem Jahre 1988

„Die Tätigkeitsgesellschaft ist eine *jahrhundertealte Vision* der Philosophie vom menschlichen Glück. Ihre geistigen Ursprünge reichen von Sokrates und Aristoteles über die mittelalterliche Philosophie bis hin zu Hannah Arendt und Ralf Dahrendorf. Nach der *Vita-activa-Ethik* der Tätigkeitsgesellschaft sind Arbeit und Freizeit zwar noch existent, stellen aber zusammen mit Kultur und Bildung gleichwertige Lebensqualitäten dar. *Leitbild ist der freie tätige Mensch*, der sich vom Verdikt des immmer nur Nützlichen, des Lebensnotwendigen und des Arbeitszwanges befreit. Es ist der souveräne Mensch, der – aus freien Stücken – gleichermaßen für sich und die Gemeinschaft tätig ist. Er lebt selbstbewußt und sozialaktiv.

In der Tätigkeitsgesellschaft ist der souveräne Mensch ein Lebenskünstler, der zu leben weiß und zu leben versteht. Der Lebenskünstler lebt in der Gegenwart, kennt weder Phlegma noch Trägheit: Mal arbeitet er im Schweiße seines Angesichts, mal schwingt er kreativ den Pinsel. Er entspannt sich zeitweilig oder engagiert sich freiwillig für andere. Immer geht die Initiative von ihm selbst aus, er wartet nicht auf den Anstoß von außen. *Untätigkeit ist dem Lebenskünstler fremd.* Selbst das Genießen wird zum Ausdruck innerer Aktivität.

Was Karl Marx einst als „freie bewußte Tätigkeit“ vorschwebte, lebt der Lebenskünstler vor: *Ihm geht das Tätigsein nie aus.* Er lebt in Freiheit und Unabhängigkeit. Nicht Aktionismus und Geschäftigkeit bestimmen seinen Lebensstil. Der Lebenskünstler begreift Ziel und Zweck seiner Eigenaktivität als Ausdruck von Denken und Handeln. Er steht sich nicht selbst im Wege, sondern besinnt sich auf seine Fähigkeiten, gibt sich und seinem Leben Sinn durch produktives Tätigsein in Übereinstimmung mit sich und seiner sozialen Umwelt.

Das Problem: Der eigenaktive Lebenskünstler, der das savoir vivre der vita activa beherrscht, muß erst noch geboren werden. Der heutige Mensch – weitgehend an abhängige Beschäftigung und verordnete Arbeiten und Pflichten gewöhnt – würde sich selbst im Wege stehen. *Die Tätigkeitsgesellschaft setzt ein verändertes Werte- und Wirtschaftssystem und einen neuen Menschen voraus.* Ein solcher Wandel würde – wenn er käme – *Zeitabläufe mehrerer Generationen* beanspruchen. Die freie Tätigkeit als Quelle der Sinn- und Identitätsfindung des Menschen ist ein visionäres Ziel und wird es auch in absehbarer Zukunft bleiben.“

Quelle: H.W. Opaschowski: Wie leben wir nach dem Jahr 2000?
Szenarien über die Zukunft von Arbeit und Freizeit
(B.A.T Projektsstudie zur Freizeitforschung), Hamburg 1988, S. 7

Noch ist die Tätigkeitsgesellschaft eine visionäre, keine realistische Zukunft. Die *Bezahlung mit Lebenssinn* kann im 21. Jahrhundert genauso wichtig wie die Bezahlung mit Arbeitseinkommen werden. Ein gesellschaftliches Konfliktpotential, das in dieser Neubewertung des Lebens schlummert, wird in der Übergangsphase zur Verunsicherung führen. Denn die offizielle Daseinsregelung (z.B. durch Politik, Wirtschaft, Medien, Erziehungs- und Bildungswesen) wird so lange wie möglich versuchen, an der Definition von Erwerbsarbeit als oberstem Lebenszweck festzuhalten.

Die Menschen aber sitzen gleichsam zwischen zwei Stühlen: Sie erleben den Struktur- und Wertewandel, der sich aus der Schere zwischen persönlichem Bewußtsein und offizieller Daseinsregelung ergibt, als Ungleichgewicht. Viele werden darauf *mit Unsicherheit und doppelter Moral reagieren.* Die Krise der Arbeitsgesellschaft wird auch eine Identitätskrise sein.

Andererseits: Kann die Tätigkeitsgesellschaft nicht auch eine Utopie bzw. Fehleinschätzung sein? Sicher: Fehleinschätzungen sind nicht auszuschließen. Erinnert sei nur an die Prognosen mancher historischer Kronzeugen:

* *Zunächst irrte Karl Marx.* Arbeit ist heute nicht einmal mehr das halbe Leben. Marx hingegen hatte vorausgesagt, daß die durchschnittliche Lebensdauer mit weiterer Industrialisierung zurückgehen und somit der Anteil der Berufsarbeit an der gesamten Lebenszeit zunehmen werde. Ganz anders ist es gekommen: Die Lebenserwartung hat sich in den letzten 140 Jahren von 37 auf 77 Jahre mehr als verdoppelt. Die hauptberufliche Lebensphase macht heute nicht wie 1855 etwa zwei Drittel, sondern nur mehr knapp die Hälfte des Lebens aus (ca. 38 Jahre).
* *Dann irrte der Sozialkritiker Theodor W. Adorno.* Noch 1951 sprach Adorno in den „Minima Moralia" die Warnung aus: „Kein Funke der Besinnung darf in die Freizeit fallen, weil er sonst auf die Arbeitswelt überspringen und sie in Brand setzen könnte". Der Funke ist mittlerweile übergesprungen – wirkt sich aber positiv auf Arbeitszufriedenheit und Leistungsmotivation aus. Die Erkenntnis setzt sich durch: Nur wer bereit ist, im Leben etwas zu leisten, kann auch sein Leben genießen.
* *Relativ realistisch erscheint auf den ersten Blick die Prognose der Politologin Hannah Arendt.* Sie sagte uns 1960 für die Zukunft voraus, die Arbeitsgesellschaft werde sich zu einer „Gesellschaft von Jobholders" verwandeln, die nur mehr automatisch funktionieren und sich passiv gelangweilt verhalten würden. Die zentrale Lebenstätigkeit Arbeit würde fast ganz aus dem menschlichen Erfahrungsbereich ausgeschaltet. Hannah Arendt befürchtete gar, daß die Neuzeit, die so vielversprechend begonnen hätte, schließlich in der tödlichsten, sterilsten Passivität enden würde, die die Geschichte je gekannt habe.
* Der Theologe Hans Küng prophezeite uns 1994 bei der Frage nach dem Lebenssinn einen *Orientierungsdschungel für die Zukunft*, wenn wir die Arbeitsgesellschaft von gestern einfach mit der Erlebnisgesellschaft von morgen austauschen. Küng hatte sicher Recht, wenn er meinte, eine solche Erlebnisorientierung würde mehr Lebensfrust als Lebenssinn schaffen. Einer Fehleinschätzung muß allerdings seine Diagnose gleichen, daß

wir uns in der Leistungsgesellschaft nur durch „*Arbeits*leistung" rechtfertigen könnten. „Leistungen sind wichtig", so stellte Küng fest, „aber sie sind nicht das, worauf es letztlich ankommt, was letztlich Sinn stiftet" (Küng 1994), S. 24). Hier blieb Küng einem viel zu engen arbeits- und erwerbsorientierten Leistungsbegriff verhaftet. *Humane und soziale, politische und kulturelle Leistungen* können doch in Zukunft auch Antworten auf die Frage geben, wofür man lebt und wofür es sich zu leben lohnt. Nicht die Arbeit und nicht das Geld, sondern das eigene Wohlbefinden in Verbindung mit der Gemeinwohlorientierung kann in Zukunft zur größten Antriebskraft für menschliche Leistung und zu einer gesellschaftlich anerkannten Quelle von Lebenssinn werden.

Sicher: Auch Experten können irren, ja so mancher soziale Fortschritt lebt gar von der Entdeckung des eigenen Irrtums. Die Alternative kann jedenfalls nicht der Verzicht auf Zukunftsprognosen sein. Denn „das einzige Mittel, den Irrtum zu vermeiden", ist nach J.-J. Rousseau (Emile/3. Buch) „die Unwissenheit". Unwissenheit aber macht blind, während mit dem Wissen eher der Zweifel wächst. Doch ist es besser, sich auf dem Weg in das 21. Jahrhundert mit Zweifeln beunruhigen zu lassen, als bis dahin in Unwissenheit zu verweilen.

Es bleibt festzuhalten: Manche Voraussagen erinnern an die Zeiten des Galileo Galilei (1564-1642). Er gilt als der Begründer einer modernen, d.h. auf Empirie, Erfahrung und Experiment beruhenden Physik. Galilei konstruierte 1609 ein Fernrohr, mit dem er erstmals Sonnenflecke und Jupitermonde entdeckte und in Konflikt zur herrschenden Kirche geriet. Der ihm zugeschriebene Ausspruch „Eppur si muove" (Und sie – die Erde – bewegt sich doch!) klingt so ketzerisch wie die Prognose, Erwerbs-Arbeit sei in Zukunft kein Mittelpunkt des Lebens mehr.

Bertolt Brecht hat diesen Grundkonflikt in seinem Schauspiel „Leben des Galilei" beschrieben. Galilei wollte einem Philosophen und dem Großherzog von Toscana durch einen Blick in sein Fernrohr die Existenz der Jupitermonde beweisen. Beide lehnten jedoch einen Blick ab. Sie verlangten stattdessen einen formalen Disput. Der eine über die Frage, ob solche Sterne überhaupt existieren können, und der andere über die Frage, wem sie nützen, falls sie existierten. Und auf Galileis Gegenfrage, was sie denn zu tun gedächten, wenn die sowohl nichtexistenten wie unnützen Sterne nun aber doch im Fernrohr zu sehen seien, haben beide geantwortet: Dann muß es wohl an dem Fernrohr liegen.

Grundlagenliteratur

B.A.T Freizeit-Forschungsinstitut (Hrsg.): Freizeit und Lebensqualität. Perspektiven für Deutschland (B.A.T Grundlagenstudie zur Freizeitforschung, Bd. 11) Hamburg 1993

B.A.T Freizeit-Forschungsinstitut (Hrsg.): Jugend und Freizeit. Bestandsaufnahme und aktuelle Analysen zu den Themen Arbeit, Freizeit und Lebensstil in den 90er Jahren (Bearb.: H.W. Opaschowski/Chr. Duncker), Hamburg 1997

Beck, U.: Risikogesellschaft. Auf dem Weg in eine andere Moderne, Frankfurt/M. 1986

Beck, U.: Politik in der Risikogesellschaft, Frankfurt/M. 1991

Beck, U. (Hrsg.): Kinder der Freiheit. Edition Zweite Moderne, Frankfurt/M. 1997

Beck, U.: Ausbilden für das 21. Jahrhundert. In: Süddeutsche Zeitung Nr. 246 (Beilage Hochschule und Beruf), München 25./26. Oktober 1997

Beck, U.: Was ist Globalisierung? Frankfurt/M. 1997

Bell, D.: Zukunftsforschung gestern und heute. In: H. Kahn/A.J. Wiener: Ihr werdet es erleben. Voraussagen der Wissenschaft bis zum Jahre 2000, Wien-München-Zürich 1968, S. 411-419

Bell, D.: Die nachindustrielle Gesellschaft („The Coming of Post-Industrial Society", 1974), Frankfurt/M. 1975

Bell, D.: Die Zukunft der westlichen Welt („The Cultural Contradictions of Capitalism", 1976), Frankfurt/M. 1979

Biedenkopf, K.: Führt die Kostenentlastung der Unternehmen zu Mehrbeschäftigung? Plädoyer für die Trennung von Arbeits- und Sozialverhältnis. In: H.E. Maier/Th. Schmid (Hrsg.): Der goldene Topf, Berlin 1986, S. 142-155

Bleicher, K.: Unternehmenskultur. In: E. Gaugler/W. Weber (Hrsg.): Handwörterbuch des Personalwesens, Bd. 5, 2. Aufl., Stuttgart 1992, S. 2242-2251

BMFT/Bundesministerium für Forschung und Technologie (Hrsg.): Deutscher Delphi-Bericht zur Entwicklung von Wissenschaft und Technik, Bonn 1993

Brinkmann, D.: Kompakt, flexibel oder just in time. In: W. Nahrstedt (Hrsg. u.a.): Neue Zeitfenster für Weiterbildung, Bielefeld 1997, S. 75-111

BUND/Misereor (Hrsg.): Zukunftsfähiges Deutschland. Ein Beitrag zu einer global nachhaltigen Entwicklung. Studie des Wuppertal Instituts für Klima, Umwelt, Energie GmbH, Basel-Boston-Berlin 1996

Campbell, C.: The Romantic Ethic and the Spirit of Modern Consumerism, Oxford 1987

Centre for Our Common Future: Erdgipfel 1992. Agenda für eine nachhaltige Entwicklung, Genf 1993

Club of Rome: Das menschliche Dilemma. Zukunft und Lernen, Wien-München-Zürich-Innsbruck 1979

Csikszentmihalyi, M.: Das Flow-Erlebnis. Jenseits von Angst und Langeweile („Beyond Boredom and Anxiety", 1975), 3. Aufl., Stuttgart 1991

Csikszentmihalyi, M.: Flow. Das Geheimnis des Glücks („Flow. The Psychology of Optimal Experience", 1990), Stuttgart 1992

Cube, F.von: Gefährliche Sicherheit. Die Verhaltensbiologie des Risikos, Stuttgart 1995

Dahrendorf, R.: Die Chancen der Krise. Über die Zukunft des Liberalismus, Stuttgart 1983

DGB/Deutscher Gewerkschaftsbund (Hrsg.): Die Zukunft gestalten. Grundsatzprogramm des Deutschen Gewerkschaftsbundes, Düsseldorf 1996

Diez-Hochleitner, R.: Der Mensch hat eine Chance – auch in 150 Jahren. In: EXPO direkt 3 (1996), S. 28-29

Engelen-Käfer, U (u.a.): Beschäftigungspolitik, Köln 1995

Faulstich, P. (Hrsg.): LernKultur 2006. Erwachsenenbildung und Weiterbildung in der Zukunftsgesellschaft, München 1990

Friedrichs, G./A. Schaff (Hrsg.): Auf Gedeih und Verderb. Bericht an den Club of Rome, Wien 1982

Gebert, D.: Organisationsklima. In: E. Gaugler/W. Weber (Hrsg.): Handwörterbuch des Personalwesens, Bd., 5, 2. Aufl., Stuttgart 1992, S. 1498-1507

Glatzer, W.: Die Rolle der privaten Haushalte im Prozeß der Wohlfahrtsproduktion. In: R.G. Heinze/C. Offe (Hrsg.): Formen der Eigenarbeit, Opladen 1990, S. 15-29

Gorz, A.: Wege ins Paradies, Berlin 1983

Groß, H.: Flexibilisierung von Arbeits- und Lebenszeit. In: W. Nahrstedt (Hrsg. u.a.): Neue Zeitfenster für Weiterbildung, Bielefeld 1997, S. 17-42

Gross, P.: Die Multioptionsgesellschaft, Frankfurt/M. 1994

Grupp, H.: Der Delphi-Report. Innovationen für unsere Zukunft, Stuttgart 1995

Guggenberger, B.: Soziale und politische Probleme in der von Wissenschaft und Technik bestimmten Welt von morgen. In: VDI-Technologiezentrum Düsseldorf (Hrsg.): Langfristige Perspektiven technischer und gesellschaftlicher Entwicklung in Deutschland, Düsseldorf 1995, S. 7-50

Hass, G.: Die Frühstücks-Volkshochschule. In: W. Nahrstedt (Hrsg. u.a.): Neue Zeitfenster für Weiterbildung, Bielefeld 1997, S. 175-179

Hatzelmann, E.: Was kommt nach der Arbeit? In: psychologie heute (Okt. 1988), S. 57-62

Heckhausen, H.: Leistung und Chancengleichheit, Göttingen 1974

Heckhausen, H.: Motivation und Handeln, Berlin-Heidelberg-New York 1980

Heinze, R.G./C. Offe (Hrsg.): Formen der Eigenarbeit, Opladen 1990

Hensch, Chr./U. Wismer: Zukunft der Arbeit, Stuttgart 1997

Hondrich, K.O.: Zukunftsvisionen für die Industriegesellschaft. In: G. Rosenberger (Hrsg.): Konsum 2000, Frankfurt/M.-New York 1992, S. 228-237

Hörning, K.H. (u.a.): Zeitpioniere, Frankfurt/M. 1990

Hübinger, W.: Prekärer Wohlstand. Neue Befunde zu Armut und sozialer Ungleichheit, Freiburg i.B. 1996

Huxley, A.: Schöne neue Welt. Ein Roman der Zukunft („Brave New World", 1932), Frankfurt/M. 1981

Huxley, A.: Wiedersehen mit der Schönen neuen Welt („Brave New World Revisited", 1959), München 1987

Ifep/Institut für empirische Psychologie (Hrsg.): Wir sind o.k.! Stimmungen, Einstellungen, Orientierungen der Jugend in den 90er Jahren (IBM-Jugendstudie), Köln 1995

Inglehart, R.: Kultureller Umbruch. Wertewandel in der westlichen Welt („Cultural Change", Princeton-New Jersey 1989), Frankfurt/M.-New York 1989

Jahoda, M.: Wieviel Arbeit braucht der Mensch? („Employment and Unemployment“, 1982), Weinheim-Basel 1983
Juechter, H.Th.: Perspektiven für eine zeitflexible Weiterbildung. In: W. Nahrstedt (Hrsg. u.a.): Neue Zeitfenster für Weiterbildung, Bielefeld 1997, S. 181-183
Jungk, R./N. Mundt (Hrsg.): Modelle für eine neue Welt, Band I-XV, München 1964
Jungk, R.: Die Zukunft hat schon begonnen, München 1990
Jungk, R./N.R. Müllert: Zukunftswerkstätten, 3. Aufl., München 1989
Jungk, R.: Zukunft zwischen Angst und Hoffnung, 2. Aufl., München 1990
Kahn, A./A.J. Wiener: Ihr werdet es erleben („The Year 2000“, 1967), Reinbek 1971
Keupp, H.: Solidarisch und doch frei – für eine kommunitäre Individualität. In: Psychologie heute, Nr. 7 (1995)
Klafki, W.: Neue Studien zu Bildungstheorie und Didaktik, Weinheim 1985
Krämer, H.: Zur Tertiarisierung der deutschen Volkswirtschaft. In: K. Mangold (Hrsg.): Die Zukunft der Dienstleistung, Frankfurt/M.-Wiesbaden 1997, S. 169-216
Kreibich, R. (u.a.): Zukunftsforschung und Politik, Weinheim-Basel 1991
Kress, U.: Die negative Einkommenssteuer: Arbeitsmarktwirkungen und sozialpolitische Bedeutung. In: Mitteilungen aus der Arbeitsmarkt- und Berufsforschung Nr. 3 (1994), S. 246-254
Kühl, J.: Warum schaffen zwei Millionen Betriebe und Verwaltungen nicht genügend gute Arbeitsplätze für alle? In: Aus Politik und Zeitgeschichte B 3-4 (1996), S. 26-39
Küng, H.: Arbeit und Lebenssinn angesichts von Wertewandel und Orientierungskrise. In: A. Herrhausen Gesellschaft für internationalen Dialog (Hrsg.): Arbeit der Zukunft – Zukunft der Arbeit, Stuttgart 1994, S. 7-27
Lenk, H.: Eigenleistung. Plädoyer für eine positive Leistungskultur, Osnabrück 1983
Liedtke, P.: Some Keynote Issues of the Report to the Club of Rome „The Employment Dilemma and the Future of Work“ by Orio Giarini and Patrick M. Liedtke. In: HVGG/ Hauptverband der gewerblichen Berufsgenossenschaften (Hrsg.): Dokumentation Zukunft der Arbeit, St. Augustin 1997, S. 25-49
Loske, R. (u.a.): Zukunftsfähiges Deutschland. Ein Beitrag zu einer global nachhaltigen Entwicklung (Hrsg. von BUND/MISEREOR), Basel-Boston-Berlin 1966
Luhmann, N.: Die Knappheit der Zeit und die Vordringlichkeit des Befristeten. In: Ders.: Politische Planung, Opladen 1971, S. 143-164
Lutz, Chr.: Der Arbeitnehmer ist tot – es lebe die Lebensunternehmerin! In: Hensch/Wismer: Zukunft der Arbeit, Stuttgart 1997
Mangold, K. (Hrsg.): Die Zukunft der Dienstleistung, Frankfurt/M.-Wiesbaden 1997
Mann, A.T.: Prophezeiungen zur Jahrtausendwende, Bern-München-Wien 1993
Marplan/Stern (Hrsg.): Lebensziele. Potentiale und Trends alternativen Verhaltens, Hamburg 1981
Martin, H.-P./H. Schumann: Die Globalisierungsfalle. Der Angriff auf Demokratie und Wohlstand, Reinbek b. Hamburg 1996
Massimini, F. (u.a.): Flow und biokulturelle Evolution. In: Csikzentmihalyi, M. u. I (Hrsg.): Die außergewöhnliche Erfahrung im Alltag, Stuttgart 1991, S. 77-102
Mattik, P.: Arbeitslosigkeit und Arbeitslosenbewegung in den USA 1929 bis 1935, Frankfurt/M. 1969
Mead, M.: The Pattern of Leisure in Contemporary American Culture. In: E. Larrabee/R. Meyersohn (Hrsg.): Mass Leisure, Glencoe 1958, S. 10-15

Meadows, D. (u.a.): Die Grenzen des Wachstums. Bericht des Club of Rome zur Lage der Menschheit („The Limits to Growth", New York 1972), Reinbek 1973

Meder, N.: Internet, Online und Telematik oder: Neue Zeitfenster für Weiterbildung. In: W. Nahrstedt (Hrsg. u.a.): Neue Zeitfenster für Weiterbildung, Bielefeld 1997, S. 121-135

Meisel, K.: Neue temporale Angebotsmuster – Herausforderungen für den Umbau von Institutionen. In: W. Nahrstedt (Hrsg. u.a.): Neue Zeitfenster für Weiterbildung, Bielefeld 1997, S. 113-119

Meyer, H.W.: Aufbrüche – Anstöße, Band 1, Köln 1994

Miegel, M.: Ursachen der Arbeitslosigkeit in Deutschland und anderen frühindustrialisierten Ländern. In: Zukunft der Arbeit/EXPO 2000 GmbH (Hrsg.): Zukunft der Arbeit, Hannover 1997

Mitscherlich, A.: Vom Protest zum Leistungsverfall. In: Merkur 1973, S. 365-380

Müller Chr.: Auswege aus der Beschäftigungskrise. In: W. Frick (Hrsg.): Jahrbuch Arbeit und Technik, Bonn 1993, S. 38-51

Nahrstedt, W.: Leben in freier Zeit, Darmstadt 1990

Nahrstedt, W.: Neue Temporale Angebotsmuster in der Weiterbildung. In: W. Nahrstedt (Hrsg. u.a.): Neue Zeitfenster für Weiterbildung, Bielefeld 1997, S. 59-74

Noelle-Neumann, E.: Werden wir alle Proletarier? Wertewandel in unserer Gesellschaft, Osnabrück 1978

Noelle-Neumann, E./B. Strümpel: Macht Arbeit krank? Macht Arbeit glücklich? München 1984

Nordhaus, H.-U.: Der Kopf ist rund, damit das Denken die Richtung wechseln kann. In: W. Nahrstedt (Hrsg. u.a.): Neue Zeitfenster für Weiterbildung, Bielefeld 1997, S. 195-201

Opaschowski, H.W.: Freizeit als Zweitberufszeit? In: Gewerkschaftliche Monatshefte, H.8 (1972), S. 505-513

Opaschowski, H.W. (Hrsg.): Freizeitpädagogik in der Leistungsgesellschaft, Bad Heilbrunn 1973

Opaschowski, H.W.: Freie Zeit ist Bürgerrecht. Plädoyer für eine Neubewertung von „Arbeit" und „Freizeit". In: Aus Politik und Zeitgeschichte (Beilage zur Wochenzeitung „Das Parlament" B 40/74), Bonn 5. Okt. 1974, S. 18-38

Opaschowski, H.W.: Soziale Arbeit mit arbeitslosen Jugendlichen, Opladen 1976

Opaschowski, H.W.: Die Zukunftsaufgabe. In: Ders.: Probleme im Umgang mit der Freizeit (Bd. 1 der B.A.T Schriftenreihe zur Freizeitforschung), Hamburg 1980, S. 24-27

Opaschowski, H.W.: Arbeit, Freizeit. Lebenssinn? Orientierungen für eine Zukunft, die längst begonnen hat, Opladen 1983

Opaschowski, H.W.: Folgen des Wertewandels: Lebensorientierungen zwischen Arbeitsethos und Mußeidee. In: Bertelsmann Stiftung/IWG (Hrsg.): Unternehmensführung vor neuen gesellschaftlichen Herausforderungen, Gütersloh 1985, S. 42-64

Opaschowski, H.W.: Die Tätigkeitsgesellschaft als visionäre Zukunft. In: B.A.T Freizeit-Forschungsinstitut (Hrsg.): Wie leben wir nach dem Jahr 2000?, Hamburg 1987, S. 7

Opaschowski, H.W.: Wie leben wir nach dem Jahr 2000? Szenarien über die Zukunft von Arbeit und Freizeit (B.A.T Projektstudie zur Freizeitforschung), Hamburg 1987

Opaschowski, H.W.: Wie arbeiten wir nach dem Jahr 2000? Freizeit-Impulse für die Arbeitswelt von morgen (B.A.T Projektstudie zur Freizeitforschung), Hamburg 1989

Opaschowski, H.W.: Freizeit 2001. Ein Blick in die Zukunft unserer Freizeitwelt (B.A.T Projektstudie zur Freizeitforschung), Hamburg 1992

Opaschowski, H.W.: Zehn Jahre nach Orwell. Aufbruch in eine neue Zukunft, Herne 1994

Opaschowski, H.W.: Deutschland 2010. Wie wir morgen leben, Ostfildern 1997

Orwell, G.: 1984. Roman („Nineteen Eighty-Four", 1949), Frankfurt/M.-Berlin 1984

Packard, V.: Die ruhelose Gesellschaft („A Nation of Strangers", New York 1972), Düsseldorf-Wien 1973

Peccei, A.: Einführung (1982). In: Berichte an den Club of Rome. Der Weg ins 21. Jahrhundert, München 1983, S. 7-20

Pieper, B.: Familie im Urteil ihrer Therapeuten. Bausteine einer Theorie familialer Arbeit, Frankfurt/M.-New York 1986

Popcorn, F.: Der Popcorn Report. Trends für die Zukunft („The Popcorn Report", 1991), München 1992

Popcorn, F./L. Marigold: „Clicking". Der neue Popcorn Report, München 1996

Popp, R.: Wie leben wir morgen? Trends und Tendenzen im Spannungsfeld zwischen Berufs- und Freizeitwelt. In: Zeitschrift SPEKTRUM FREIZEIT Heft 2/3 (1996), S. 248-264

Riesman, D.: Abundance for what (deutsch: Wohlstand wofür, 1966), New York 1964

Riesman, D.: Die einsame Masse („The Lonely Crowd", 1950), Darmstadt-Neuwied-Berlin 1965

Rifkin, J.: Das Ende der Arbeit und ihre Zukunft („The End of Work", 1995), 2. Aufl., Frankfurt/M.-New York 1996

Ritzer, G.: Die McDonaldisierung der Gesellschaft („The McDonaldisation of Society", 1993), Frankfurt/M. 1995

Robb, M.: The psychology of unemployed from a medical point of view – with an examination of some typical clinical cases. In: H.L. Bases/R.S. Lambert (Hrsg.): Memoirs of the unemployed, London 1934, S. 273-287

Rosenstiel, L.v. (Hrsg., u.a.): Wertewandel als Herausforderung für die Unternehmenspolitik, Stuttgart 1987

Rosenstiel, L.v.: Wandel in der Karrieremotivation. In: Ders. (Hrsg., u.a.): Wertewandel. Herausforderung für die Unternehmenspolitik in den 90er Jahren, 2. Aufl., Stuttgart 1993, S. 47-81

Schanz, G. (Hrsg.): Handbuch Anreizsysteme in Wirtschaft und Verwaltung, Stuttgart 1991

Schmid, Th.: Befreiung von falscher Arbeit, Berlin 1984

Sloterdijk, P. (Hrsg.): Vor der Jahrtausendwende: Berichte zur Lage der Zukunft, 2 Bände, Frankfurt/M. 1990 (Beiträge u.a. von Hans Magnus Enzensberger, Niklas Luhmann, Ulrich Beck)

Statistisches Bundesamt (Hrsg.): Die Zeitverwendung der Bevölkerung, Wiesbaden 1995

Strümpel, B./P. Pawlowsky: Wandel in der Einstellung zur Arbeit. In: L. von Rosenstiel (Hrsg., u.a.): Wertewandel. Herausforderungen für die Unternehmenspolitik in den 90er Jahren, 2. Aufl., Stuttgart 1993

Toffler, A.: Die Zukunftschance, München 1980

Vaskovics, L.S./P. Gross: Auswirkungen der Flexibilisierung von gesellschaftlichen Zeitstrukturen und Möglichkeiten zur Gewinnung von Zeitsouveränität (Forschungsbericht i.A. des Bundesministeriums für Forschung und Technologie), Bonn 1994

Veblen, Th.: Theorie der feinen Leute („The Theory of the Leisure Class", 1899), Köln-Berlin 1959

Zimmerli, W.Ch.: Vergangenheit und Zukunft der Arbeit. Ethische Perspektiven. In: HVGG/ Hauptverband der gewerblichen Berufsgenossenschaften (Hrsg.): Dokumentation Zukunft der Arbeit, St. Augustin 1997, S. 143-153

Zukunft der Arbeit/EXPO 2000 GmbH (Hrsg.): Zukunft der Arbeit, Hannover 1997

Zukunftskommission/Kommission für Zukunftsfragen der Freistaaten Bayern und Sachsen (Hrsg.): Erwerbstätigkeit und Arbeitslosigkeit in Deutschland (Teil I), Bonn 1996